CATALOGUE
DES LIVRES
DE FEU MONSIEUR
DELPECH
DE MEREVILLE,

Conseiller de Grand'Chambre.

A PARIS,
QUAI DES AUGUSTINS,

Chez { Jean Pepingue', au Saint Esprit, & Charles Rouan, à l'Image Saint Christophe.

M DCC. XXXVIII.

CATALOGUE
DES LIVRES

De feu M^R. DELPECH DE
MEREVILLE, Conseiller de
Grand'Chambre.

THEOLOGIE.

ECRITURE SAINTE.

1 IBLIA Hebraïca, Samaritana,
Chaldaïca, Græca, Syriaca, Latina, & Arabica, edita, & transf-
lationibus latinis illustrata, ac-
curante Guidone Mich. le Jay,
Parisiis, Vitré, 1645. 10. *vol.*
in-fol. carta magna.   129

2 Biblia Sacra, edita Colonie Agrip. 1682. in-8°.   8

A

15 . . 1   3 Biblia Sacra, edita *Coloniæ, apud Jacobum Nau-*
            laeum 1679. *six vol. in-vingt-quatre.*

4 . .   4 Biblia Sacra , *Lugduni.* 1669. *in-quarto.*

115 . .   5 Bible Latine & Françoise , avec l'explication du
            sens Litteral & Spirituel, par M. de Sacy. *Paris ,*
            3 2. *vol. in-octavo* , où il manque les Nombres.

46 . .   6 *La même* , Impression de Bruxelles ; *in-douze*
            vingt-sept vol.

26 . .   7 Bible traduite en François sur la Vulgate , par
            M. de Sacy, *Mons,* 1703. 8. *vol. in-douze.*

3 . . 3   8 La Genese , par M. de Sacy , *in-octavo.*
          9 L'Exode & le Lévitique , *du même , in-octavo.*
3 . . 10 { 10 Les Proverbes de Salomon , *du même , in-oc-*
            tavo.

3 . . 2   11 Bible traduite en François , par les Théologiens
            de l'Université de Louvain , *Lyon ,* 1699. *in-*4°.

6 . . 15   12 Biblia Latina , cum Commentariis ad sensum
            Litteræ, *Lutetiæ Parisiorum ,* 1623. 3 .*vol.in-fol.*

24 . . 7   13 Bible avec des Explications, & Réflexions qui
            regardent la vie interieure, par Madame Guyon,
            Cologne , 1714. 12. *volumes in-douze.*

1 . . 9   14 Joannis Harduini, Chronologia veteris Testa-
            menti juxtà Vulgatam versionem, *Parisiis ,*1697.
            in-quarto.

1 . . 7   15 Réflexions sur l'explication de l'Apocalypse ,
            par M. de Meaux , *Amsterdam ,* 1690. *in-douze.*

3 . . 2   16 Cornelii Jansenii Commentaria in Pentatheu-
            cum , & in Evangelia , *Parisiis ,* 1660. 2. *vol.*
            in-quarto.

1 . . 10   17 Pseaumes de David , traduits selon l'Hebreu,
            Paris , le Petit , 1679. *in-douze.*

3 . . 14   18 Pseaumes de David, traduits en François, avec
            des Notes courtes tirées de Saint Augustin ,
            à trois colonnes, *Paris ,* 1684. *in-octavo.*

. . 16   19 Interprétations des Pseaumes de David , par

Cocquelin , *Paris* , 1686. *in-douze.*

20 Hiftoire du Vieux & du Nouveau Teftament, avec figures, *Anvers*, chez Pierre Mortier, 1700. 2. *vol. fol.*

21 Hiftoire du Vieux & du Nouveau Teftament, par Royaumont, *Paris.* 1703. *in-douze.*

22 Nouveau Teftament de Mons, 1668. *in-douze.*

23 Nouveau Teftament felon la Vulgate, *Mons,* 1667. 2. *vol. in-douze.*

24. Critique facrée , ou les Chefs d'accufation , propofés contre la Traduction Françoife du Nouveau Teftament de Mons , de l'an 1667. par Des Ifles, *Paris*, 1668. *in octavo.*

25 Nouvelle Défenfe de la Traduction du Nouveau Teftament de Mons , contre le livre de M. Mallet. *Cologne,* 1680. *in-octavo.*

26 Obfervations fur la nouvelle défenfe de la Verfion Françoife du Nouveau Teftament de Mons. *Roüen,* 1685. *in-octavo.*

27 Inftructions fur la Verfion du Nouveau Teftament imprimé à Trevoux, par M. de Meaux, *Paris*, 1702. *in-douze.*

28 Nouveau Teftament, avec des Remarques Litterales & Critiques fur les principales difficultés, par Simon, *Trevoux* 1702. *in-octavo.*

29 Hiftoire critique du Vieux Teftament, par Richard Simon, de l'Oratoire, *Rotterdam,* 1685. 2. *vol. in-quarto.*

30 Hiftoire critique du Texte du Nouveau Teftament, par Richard Simon, *Rotterdam,* 1689. 3. *vol. in-quarto*

31 Sentimens des Théologiens d'Hollande, fur l'Hiftoire critique du Vieux Teftament compofée par le P. Simon, *Amfterdam* 1685. *in-douze.*

32 Lettre à un Ami, où l'on rend compte d'un Livre qui a pour titre, Histoire critique du Vieux Testament, publiée à Paris en 1678. *Amst.* 1679.

Réponse à la Lettre de M. Spanheim, touchant l'Histoire critique du Vieux Testament, *Amst.* 1680. *in-douze.*

33 Défense des Sentimens de quelques Théologiens de Hollande, sur l'Histoire critique du Vieux Testament, contre la Réponse du Prieur de Bolleville, *Amsterdam,* 1686. *in-douze.*

34 Réponse au Livre intitulé, Sentimens de quelques Théologiens de Hollande, sur l'Histoire critique du Vieux Testament, par le Prieur de Bolleville, *Rotterdam,* 1686. *in-quarto.*

35 Réponse à la Lettre de M. Spanheim, sur l'Histoire critique du Vieux Testament, attribuée au P. Simon, *Amsterdam,* 1680. *in-douze.*

36 Continuation de la défense du Texte Hébreu, par Dom Martianai, *Paris* 1693. *in-douze.*

37. Explications de plusieurs Textes difficiles de l'Ecriture Sainte, par Dom Martin, Bénédictin, *Paris,* 1720. *in-quarto.*

38 Jacob. Usserii Annales Veteris & Novi Testamenti, *Breme,* 1686. *in-fol.*

39 Petri Danielis Huetii Demonstratio Evangelica, *Paris,* 1679. *in-fol.*

40 Dictionnaire de la Bible, par Simon, *Lyon,* 1693. *in-fol.*

41 Samuël Bochart, de Animalibus sacræ Scripturæ. *Lugdun. Batavor.* 1712. 2. *vol. in-fol.*
Ejusdem Phaleg. seu de Dispersione gentium, & divisione terrarum factâ in ædificatione Turris Babel, *in-fol.*

42 Thesaurus Theologico Philologus in Sanctam

Scripturam , *Amſtelod.* 1701. 2. *vol. in-fol.*

43 Critici ſacri , *Amſtelod.* 1698. 9. *vol. in-fol.* 120

44 Défenſe du Texte Hébreu contre le Livre de l'Antiquité des Tems retablie, par le R. P. 2 Dom Jean Martianay, *Pariſ.* 1689. *in douze.*

45 Joannis Gerſonii Opera omnia, ſtudio Ludo- 33 5 vici Elies Dupin, *Antuerpiæ,* 1706. 5. *vol. in-fol.*

46 Sirmundi Opera varia, *Pariſ.* è Typographia 56 Regia 1696. 5. *vol. in-fol.*

47 ——————— *Idem* non relié. 40

48 S. Aviti Viennenſis Opera, per Jacobum Sir-mundum, S. J. *Pariſ.* 1643. *in octavo.*

49 Godofredi Abbatis Vindocinenſis Epiſtolæ, Opuſcula & Sermones, cum Notis Jacobi Sir-mundi, Societ. Jeſ. *Pariſ.* 1610. *in-octavo.* 3 10

50 Jacobi Sirmundi, Societ. Jeſ. Opuſcula va-ria, *Pariſ.* 1680. 2. *vol. in-octavo.*

51 Antonii Gomeſii Opera, cum Annotationibus Emanuelis Soarez à Ribeira, *Lugd.* 1661. 2. *vol. in-fol.* 3

52 Launoii Epiſtolæ, *Cantabrigiæ,* 1689. *in-fol.*

53 De la Perpetuité de la Foi, contre le Livre du Miniſtre Claude, par M. Arnaud, *Paris* 1669. 3. *vol. in-quarto.*

54 De la Perpetuité de la Foi touchant l'Eucha-riſtie, par M. Arnaud, *Paris* 1672. *in-douze.*

55 Réponſe au Livre de M. Arnaud, intitulé de la Perpetuité de la Foi, par M. Claude, *Que-villy,* 1671. 2. *vol. in-octavo.* 14 1

56 Réponſe au deux Traités de la Perpetuité de la Foi de l'Egliſe Catholique, ſeptiéme Edi-tion, *Paris* 1668. *in-douze.*

57 De la fréquente Communion, par M. Arnaud, 3 12 *Paris,* 1683. *in-octavo.*

31 . . 11 58. Lettres de M. Antoine Arnaud, Docteur de Sorbonne, *Nancy*, 1727. 8. *vol. in-douze.*

2 . . 12 59 Inſtructions ſur la Grace, ſelon l'Ecriture Sainte, par M. Arnaud, & autres piéces, *Cologne*, 1700. *in-douze.*

60 Lettres du P. Malbranche, ſur le Traité de la Nature & de la Grace, *Rotterdam*, 1686. *in-12.*

61 Réponſe à une Diſſertation de M. Arnaud, contre un Eclairciſſement du Traité de la Nature & de la Grace, par le P. Malbranche, *Rotterdame* 1685. *in-douze.*

62 Méditations Chrétiennes du P. Malbranche, *Cologne*, 1683. *in-douze.*

63 Des vrayes & des fauſſes idées, contre ce qu'enſeigne le P. Malbranche, par Antoine Arnaud, *Cologne*, 1683. *in-douze.*

64 Trois lettres du P. Malbranche, contre la Réponſe des vrayes & fauſſes idées, *Roterdam*, 1685. *in-douze.*

65 Défenſe de M. Arnaud, contre la Réponſe au livre des vrayes & fauſſes idées, *Cologne*, 1684. *in douze.*

66 La créance de l'Egliſe Grecque, touchant la Tranſſubſtantiation, deffenduë, contre la Réponſe du Miniſtre Claude, au livre de M. Arnaud, *Paris*, 1672. *in-douze.*

67 Lettres Apologetiques pour M. Arnaud, écrites à un Abbé de ſes amis, *Cologne*, 1688. *in-douze.*

68 Queſtion curieuſe, ſi M. Arnaud, Docteur de Sorbone eſt héretique, *Cologne*, 1690. *in-douze.*

69 L'eſprit de M. Arnaud, *Deventer*, 1684. 2. *vol. in-douze.*

14 . . 12 70 Eſſais de Morale, par M. Nicole, *la Haye*, 1696. 9. *vol. in-douze.*

71 Les quatre fins de l'Homme , par M. Nicole, 1 . . 10
Paris , 1679. *in-douze.*

72 Les Imaginaires ou lettres fur l'hérefie ima- 9 . .
ginaire , & les vifionnaires , par M. Nicole ,
Liége , 1667. 2. *vol. in-douze.*

73 Le combat des deux clefs , ou la défenfe du
Miroir de la pieté Chrêtienne , 1678. *in-douze.*

74 Meditations Chrétiennes fur la Providence &
la Miféricorde de Dieu , par le fieur Preffigni ,
Anvers , 1692. *in-douze.*

75 Miroir de la pieté Chrétienne , par Flor-de-
Sainte·Foi , *Liége,* 1677. *in-douze.* 7 . . 1

76 Lettre écrite de Rome , à M. l'Archevêque de
Reims , par M. l'Abbé Recanetti , au fujet du
Miroir de la pieté Chrétienne , 1678. *in-douze.*

77 Le Miroir fans tache , par l'Abbé Valentin ,
Paris , 1680. *in-douze.*

78 Manuel de pieté , *Paris,* 1727. *in-douze.* 2 . . 11

79 Inftruction générale en forme de Catechifme , 9 . . 14
par M. Colbert, Evêque de Montpellier, *Paris,*
1714. *in-quarto.*

80 Lettres fur divers fujets de Morale & de Pieté , 1 . .
par M. Dugué , *Paris,* 1713. *in-douze.*

81 Explication du Myftere de la Paffion , fuivant 2 . . 11
la Concorde , par M. Dugué , *Paris,* 1728. 2.
vol. in-douze.

82 Traité de la Priere publique , par M. Dugué , 1 . . 6
Paris , 1713. *in-douze.*

83 Le jour Evangelique , *Liége,* 1699. *in-douze.* . . 17

84 L'Efprit des Myfteres de J. C. *Paris,* 1694. *in-* . . 8
vingt-quatre.

85 Lettre Chrétienne de M. le Maître de Saci , 6 . . 3
Paris , 1690. 2. *vol. in-octavo.*

86 Difcours & Lettres du P. Gondren , Superieur . . 5
Général de l'Oratoire , *Paris* 1643. *in-douze.*

(8)

87 Inſtructions Chrétiennes ſur les Myſtéres de notre Seigneur, par M. l'Abbé de Saint Glin, *Paris* 1672. 5. *vol. in-octavo.*

88. Explication des Maximes des Saints, par M. de Cambrai, *Paris*, 1697. *in-douze.*

89 Les Devoirs de la vie Monaſtique, par l'Abbé de la Trape, *Paris*, 1683. 2. *vol. in-quarto.*

90 Traité des Etudes Monaſtiques, par Dom Jean Mabillon, *Paris*, 1691. *in-quarto.*

91 Réponſe au Traité des Etudes Monaſtiques, par M. l'Abbé de la Trape, *Paris*, 1692. *in-quarto.*

92 Lettres à M. l'Abbé de la Trape, où l'on examine ſa Réponſe au Traité des Etudes Monaſtiques, & quelques endroits de ſon Commentaire ſur la Regle de Saint Benoît, *Amſterdam* 1692. *in-douze.*

93 Recuëil de quelques Piéces qui concernent les quatre Lettres écrites à M. l'Abbé de la Trape, *Cologne* 1693. *in-douze.*

94 Les Exercices de l'homme interieur dans la pratique de l'Oraiſon Mentale, *Paris* 1691. 2. *vol. in-douze.*

95 Inſtruction ſur les Etats d'Oraiſon, par M. Boſſuet, ſeconde Edition, *Paris*, 1697. *in-octavo.*

96 Defenſio Declarationis 19. Martii 1682. à D. Boſſuet, Meldenſi Epiſcopo, *Luxemburgi* 1730. 2. *vol. in-quarto.*

97 L'Antiquité éclaircie contre le Miniſtre Jurieu, par Meſſire Boſſuet, Evêque de Meaux, *Paris* 1691. *in-quarto.*

98 Traité de la Communion ſous les deux eſpéces, par M. de Meaux, *Paris*, 1682. *in-douze.*

99 Expoſition de la Doctrine de l'Egliſe Catholique

lique, par M. de Meaux, *Paris*, 1681. *in-douze.*

100 Réponse au Livre de M. l'Evêque de Condom, qui a pour titre : Exposition de la Doctrine de l'Eglise Catholique, *Quevilly*, 1673. *in-douze.*

101 Réponse au Livre de M. l'Evêque de Condom, sur la Doctrine de l'Eglise Catholique, par David Nauguier, Ministre, *Orange*, 1673. Seconde Réponse 1680. 2. *vol. in-douze.*

102 Elevations à Dieu sur tous les Mysteres de la Religion Chrétienne, par M. de Meaux, *Paris*, 1737. 2. *vol. in-douze.*

103 Traité de l'amour de Dieu, suivant la Doctrine du Concile de Trente, par M. de Meaux, *Paris*, 1736. *in-douze.*

104 Instructions pour les Nouveaux Catholiques, par M. l'Evêque Comte de Châlon, *Paris*, 1686. *in-douze.*

105 Deux lettres de M. Desmahis, sur le Schisme des Protestans, & sur la présence réelle du corps de Jesus-Christ dans la sainte Eucharistie, *Orleans*, 1685. *in-douze.*

106 La Sainte Eucharistie des Catholiques approuvée, & la Cêne des Calvinistes condamnée, par le Pere Bernard Meynier, *Paris*, 1677. *in-douze.*

107 Motifs invincibles pour convaincre ceux de la Religion prétendue Réformée, par Jacques le Févre, *Paris*, 1582. *in-douze.*

108 Controverses familieres, on les erreurs de la Religion, avec les preuves de la tradition Ecclesiastique, *Paris*, 1686. *in-douze.*

109 Démonstration ou preuve évidente de la verité & de la sainteté de la Morale Chrétienne, par le R. P. Bernard Lamy, *Roüen*, 1709. 5. *vol. in-douze.*

3 · · 110 Le renverſement de la Morale de J. C. par
les erreurs des Calviniſtes, touchant la juſtifica-
tion , *Paris* , 1672. *in-quarto.*

2 · · 111 Sentimens de l'Egliſe & des SS. Peres, pour
ſervir de déciſion ſur la Comedie & les Come-
diens , *Paris*, 1694. *in-douze.*

1 · · 15 112 Lettres du Prince de Conti , ou l'accord du
Libre Arbitre avec la Grace de J. C. au P. Dé-
champs Jeſuite, *Cologne* , 1690. *in-douze.*

1 · · 2 113 De l'Imitation de Jeſus-Chriſt , dedié à Madame la Ducheſſe de Bourgogne , *Paris* , 1709.
in-douze.

· · 16 114 Défenſe des Prêtres de l'Oratoire de Jeſus,
contenant leur Remontrance au Chapitre de
Liége , *Liége* , 1692.
Réponſe au Libelle de Loüis Benoiſt , contre les
Prêtres de l'Oratoire , 1692.
Inſcription en faux des Prêtres de l'Oratoire ,
in-douze.

3 · · 115 De l'ancienne Coûtume de prier & d'adorer
debout les jours de Dimanche & Fêtes, & durant le tems de Pâques , ou abrégé Hiſtorique
des Cérémonies anciennes & modernes, *Liége*,
1700. 2. *vol. in-douze.*

1 · · 5 116 Les Regles de la Morale Chrétienne, par Saint
Baſile le Grand , *Paris*, 1661. *in-douze.*

4 · · 117 Les Homelies ou Sermons de Saint Jean
Chriſoſtôme ,traduits par Paul Antoine de Maſ-
ſilly , *Paris* , 1665. 3. *vol. in-quarto*, dont le premier manque.

29 · · 118 Homelies ou Sermons de Saint Jean Chryſoſ-
tôme, ſur les Epîtres de Saint Paul , *Paris*, 1701.
7. *vol. in-octavo.*

10 · · 119 Les Morales de Saint Gregoire Pape , ſur le
livre de Job, *Paris*, 1666. 3. *vol. in-quarto*,

(12.)

& en particulier, de la nouvelle Traduction du
Breviaire, &c. Cologne, 1688. in-douze.

134 Tradition Catholique, ou Traité de la
Croyance des Chrétiens d'Asie, d'Europe, &
d'Affrique, ès dogmes principalement controver-
sés en ce tems, par Th. A. J. C. 1609. in-douze.

135 Le parfait Missionnaire ou la Vie du R. P.
Maunoir, de la Compagnie de Jesus, par le P.
Boschet, Paris, 1697. in-douze.

136 Livre d'Eglise à l'usage de Paris, pour les
Laïques, Paris, 1689. 2. vol. in-dix-huit.

137 Livre d'Eglise à l'usage de Paris, partie d'Hy-
ver, in-dix-huit.

138 Erasmi Opera omnia, Lugd. Bat. 1703. 7.
vol. in-fol.

139 Le Nestorianisme renaissant, dénoncé à la Sorbonne, Cologne, 1693. in-douze.

140 La Confession d'Augsbourg, présentée à Charles Quint, l'an 1530. par les Princes & les Etats
Protestans, in-douze.

141 Histoire du Papisme, ou abregé de l'Histoire
de l'Eglise Romaine, depuis sa Naissance, jusqu'à Innocent XI. Amsterdam, 1685. 2. vol. in-
douze.

142 Lettre écrite par M. Fagel, Pensionnaire
d'Hollande, à M. Jacques Stewart, Avocat,
sur l'abolition du Test. & des Loix pénales ; &
la Réponse à cette Lettre, Cologne, 1688.
Lettres de quelques Protestans pacifiques au sujet
de la Réünion des Religions, 1685.
Représentation des malheurs horribles qui me-
nacent les Protestans de la Grande Bretagne,
in-douze.

143 Défense de l'Histoire des Variations, contre
la Réponse de M. Basnage, Ministre, par M.

renverſement de la Morale par les Erreurs des
Calviniſtes, *Cologne*, 1682. *in-douze.*

155 Apologie pour les Catholiques, contre le Livre intitulé : La Politique du Clergé de France,
Liége, 1682. 2. *vol. in-douze.*

156 Examen des Raiſons qui ont donné lieu à la
ſéparation des Proteſtans , par Brueys , *Paris,*
1683. *in-douze.*

157 Examen du Livre des Préjugés légitimes contre les Calviniſtes , par Claude Pajon, *Bionne* ,
1673. 2. *vol. in douze.*

158 Verité de la Religion Chrétienne, par Abadie,
Hollande , 1689. 4. *vol. in-douze.*

159 ———————— *Idem* , 4. *vol. in-douze.*

160 Edoardus Baro Herbert de Chebury, Anglus,
de Veritate prout diſtinguitur à revelatione, à
veriſimili , à poſſibili , & à falſo, *Londoni*, 1645.
Ejuſdem , de cauſis Errorum , Opus, *Londini*,
1645. *in-quarto.*

161 La Théologie réelle , vulgairement dite la
Théologie Germanique , *Amſterdam* , 1700. 2.
vol. in-douze.

162 Inſtruction pour les Nicodemites , où l'on fait
voir qu'aucune violence ne peut diſpenſer les
hommes de profeſſer la Verité , par J. G. P.
Amſterdam , 1687. *in-douze.*

163 Les Erreurs populaires ès Points généraux qui
concernent l'intelligence de la Religion, par J.
Deſpagne , Miniſtre , *la Haye* , 1639. *in-douze.*

164 Lettre ou diſcours à tous Fideles de la Religion Réformée , pour demander à Dieu ſon
aſſiſtance dans la conjonêture des affaires pré-
ſentes , 1688. *in-douze.*

165 Refutation de la Réponſe faite par M. Ereiten,
Miniſtre Lutherien , à un Eccléſiaſtique , qui

avoit soûtenu que Luther avoit appris du Diable à combattre la Messe, &c. *Paris*, 1673. *in-douze.*

166 Le Protestant pacifique, ou Traité de la Paix de l'Eglise, contre Jurieu, par la Guironnier, *Amsterdam*, 1684. *in-douze.*　3　.　.　11

167 Réponse générale au Nouveau Livre de M. Claude, *Paris*, 1671. *in-douze.*　4 .

168 Apologie pour la Morale des Réformés, ou défense de leur doctrine touchant la justification, par M. Arnaud, *Quevilly*, 1675 *.in-douze.*　1 . .

169 Réponse au livre intitulé, le Mystere d'iniquité, du sieur du Plessis, par Coeffetau, *Paris*, 1614. *in-fol.*　. . 12

170 Commentarius de præcipuis generibus divinationum, in quo à Prophetis autoritate divina traditis, & à Physicis conjecturis discernuntur artes & imposturæ diabolicæ, authore Gasparo Spencero, *Wittembergæ*, 1660. *in-octavo.*

171 Traité de la conscience, par M. Basnage, *Amsterdam*, 1696. 2. *vol. in-douze.*　2 . . 10

172 Réponse au livre du Renversement de la Morale de J. C. par Jean Bruguier, Ministre, *Quevilly*, 1673. *in-douze.*　. . 10

173 Oeuvres posthumes de M. Claude, *Amsterdam*, 1688. 4. *vol. in-octavo.*　3 . . 2

PERES GRECS ET LATINS.

75 .. 10 174 Sti. Hieronimi Opera omnia, emendata & annotationibus illuſtrata à D. Joanne Martianay, *Pariſ.* 1693. & ſequentia, 5. *vol. in-fol.*

1 .. 6 175 Les Lettres choiſies de S. Jerome, Traduction nouvelle, *Paris*, 1673. *in-octavo.*

176 S. Athanaſii Opera Græc. Lat. cum Notis Monachorum Benedictinorum, ſeu potius, D. Bernard. de Montfaulcon, *Paris*, 1698. 3. *vol. in-fol.*

64 .. 15

177 Nova Collectio Euſebii Cæſarienſis, S. Athanaſii, & Coſinæ Ægiptii, Grec. Latin. cum Notis D. Bernard. de Montfaulcon, *Paris*, 1706. 2. *vol. in-fol.*

152 .. 15 178 S. Joann. Chriſoſtomi Opera Græc. Lat. ex nova Editione D. Bernard. de Montfaulcon, *Paris*, & ſeq. 11. *vol. in-fol.*

15 .. 179 S. Cyrilli Hieroſolimitani Opera Græc. Lat. ex recentiori Editione Ant. Auguſtini Touttée, Benedictini, *Pariſ.* 1720. *in-fol.*

37 .. 10 180 S. Baſilii Opera Græc. Lat. ex noviſſima Editione Juliani Garnier, Benedictini, *Pariſ.* 1721. & ſeq. 3. *vol. in-fol.*

29 181 S. Joannis Damaſceni Opera Græc. Lat. ſtudio Michael. le Quien, Ordinis Fratrum Prædicatorum, *Paris*, 2. *vol. in-fol.*

5 .. 182 Bibliotheca Patrum Ciſtercienſium, per Franciſcum Bertrandum Tiſſier, 1666. 3. *vol. in-fol.*

138 .. 183 S. Auguſtini Opera omnia, emendata & annotationibus illuſtrata, ſtudio Monachorum Benedictinorum

nedictinorum. Acceſſère ejus Vita & Indices
locupletiſſimi, cura D. Claudii Gaigné, *Paris*,
1679. & ſeq. 8. *vol. in-fol.*

184 S. Auguſtini Epitome, Auctore R. F. P. Mat-
thiano Haulzeur, *Paris*, 1646. *in-fol.*

185 Lettres de S. Auguſtin, par les RR. PP. Be-
nedictins, de la Congregation de Saint Maur,
Paris, 2. *vol. in-fol.*

186 Lettre d'un Abbé Commendataire, aux R R.
PP. Bénédictins de la Congregation de Saint
Maur, 1699.

Critique du Livre publié par les Moines Bénédictins de la Congregation de Saint Maur, ſous
le titre de Bibliothéque divine de S. Jerome,
Cologne, 1699.

Mémoire d'un Docteur en Théologie, addreſſé
à nos Seigneurs les Prélats de France, ſur la Réponſe d'un Théologien des PP. Bénédictins, à
la Lettre de l'Abbé Allemand, 1699.

La conduite qu'ont tenu les PP. Bénédictins
depuis qu'on a attaqué leur Edition de S. Auguſtin, 1699. *in-douze.*

187 S. Gregorii Papæ Opera, ſtudio & labore Monachorum Ordinis Sancti Benedicti, *Paris*,
1705. 4. *vol. in-fol.*

188 S. Ambroſii, Mediolanenſis Epiſcopi, Opera
omnia, emendata, & variis lectionibus ac annotationibus illuſtrata, ſtudio Monachorum Benedictinorum, *Paris*, 1686. 2. *vol. in-fol.*

189 S. Bernardi, Clarævallenſis Abbatis, Opera,
ſtudio D. Joannis Mabillonii, *Pariſ.* 1719. 2.
vol. in-fol.

190 Les Lettres de S. Bernard, en François, ſur
l'Edition des Bénédictins de la Congregation
de S. Maur, *Paris*, 1702. 2. *vol. in-octavo.*

C

14 .. 15 191 S. Hilarii, Pictavorum Episcopi, Opera, Notis illustrata, studio Monachorum Benedictinorum, *Parif.* 1693. *in-fol.*

26 .. 3 192 S. Irenæus, ex novissima Editione Renati Maf-
fuet, Benedictini, *Parif.* 1710. *in-fol.*

6 .. 193 S. Anfelmi, Archiepiscopi Cantuariensis, Opera, studio Gabrielis Gerberon, Benedict. *Parif.*
1675. *in-fol.*

25 .. 10 194 S. Georg. Florenti Gregorii, Episcopi Turonensis, Opera omnia, necnon Fredgari Scho-
lastici Epitome & Chronicon, cum ejus conti-
nuatoribus, emendata, & Notis ac Observa-
tionibus illustrata à D. Theodorico Ruinart,
Parif. 1699. *in-fol.*

9 .. 195 S. Prosperi Opera ad manufcriptos Codices,
emendata & novissimè illustrata, *Parif.* 1711.
in-fol.

9 .. 2 196 Hildeberti, Cenomanensis Episcopi, deinde
Turonensis Archiepiscopi, Opera omnia.
Accefferunt Marbodi, Rhedonensis Episcopi,
Opufcula, recensita & Notis illustrata ab An-
tonio Beaugendre, *Parif.* 1708. *in-fol.*

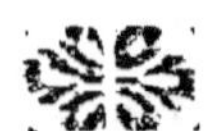

HISTOIRE ECCLESIASTIQUE.

197 ANnalium Ecclesiasticorum Baronii Epitome, per Henricum Spondanum, *Lugd.* 1686. 2. *vol. in-fol.*

198 Annalium Ecclesiasticorum Continuatio, per Henricum Spondanum, *Lut. Parif.* 1659. 2. *vol. in-fol.*

199 Antonii Pagi Critica Historico-Chronologica in universos Annales Ecclesiasticos Cardinalis Baronii, *Lut. Parif.* 1609. *in-fol.*

200 Historiæ Ecclesiasticæ Scriptores Græci, Joann. Christophorson, *Colon.* 1581. *in-fol.*

201 Alphonsius Ciaconius, de Vitis Pontificum Romanorum, *Romæ*, 1677. 4. *vol. in-fol.*

202 Historia Summorum Pontificum à Martino V. ad Innocentium, R. P. Claudii Molinet, *Lut. Parisiorum*, 1679. *in-fol. Carta magna.*

203 Histoire de l'Eglise par le Président Coufin, *Paris*, 1675. 4. *vol. in-quarto.*

204 Histoire de Constantinople, depuis le Regne de l'ancien Justin, jusqu'à la fin de l'Empire, par le Président Coufin, *Paris*, 1672. 8. *vol. in-quarto.*

205 Histoire Romaine écrite par Xiphilin, par Zonare & par Zosime, traduite par le Président Coufin, *Paris*, 1678. *in-quarto.*

206 Anastasii Bibliothecarii Collectanea, Jacobi Sirmundi, *Societ. Jef. Parif.* 1620. *in-octavo.*

207 Bibliothéque des Auteurs Ecclésiastiques par M. Dupin, *Paris*, 1688. 50. *vol. in-octavo.*

208 R. P. Natalis Alexandri Historia Ecclesiastica

Veteris & Novi Testamenti, divisa in 8. tom.
compact. in 7. Parif. 1714. *in-fol.*

8 . . 1 209 R. P. Natalis Alexandri Historia Ecclesiastica
Veteris Testamenti, *Parif.* 1689. 6. *vol. in octavo.*

1 . . 4 { 210 Bellarminus de Scriptoribus Ecclesiasticis,
Lugd. 1663. *in-octavo.*

{ 211 Abregé de l'Histoire de la Congrégation de
Auxiliis, *Francfort,* 1687. *in-douze.*

10 . . 5 212 L'illustre Orbandale, ou l'Histoire Ecclésias-
tique de la Ville & Cité de Châlons sur Saône,
avec le Poüillé des Bénefices du Diocése, & autres Traités curieux, *Lyon,* 1662. 2. *vol. in-
quarto.*

8 . . 7 213 Verité de la Religion Chrétienne, par Abadie, *Amsterdam,* 1689. 4. *vol. in-douze.*

4 . . 214 ———————— *Idem* 4. *vol. in-douze.*

215 Relation des Missions des Peres de la Compagnie de Jesus, en la Nouvelle France, en
1669. & 1670. par le P. Deschamps, *Paris,*
1671. *in-octavo.*

1 . . 14 216 Défense des Nouveaux Chrétiens & des Mis-
sionnaires de la Chine, du Japon & des Indes,
par le Pere le Tellier, Jesuite, *Paris,* 1698. 2.
vol. in-douze.

7 . . 18 217 Nouveaux Mémoires sur l'état présent de
la Chine, par le P. le Comte, *Paris,* 1696.
3. *vol. in-douze.*

2 . . 4 218 Cérémonies & Coûtume des Juifs, par Si-
monville, *La Haye,* 1682. 2. *vol. in-douze.*

14 . . 1 219 Histoire sacrée, par de Brianville, avec Figures, *Paris,* 1677. 3. *vol. in-douze.*

. . 10 220 Petavii Rationarium temporum, *Parif.* 1632.
in-douze.

76 . . 221 Gallia Christiana, à R. P. Sainte-Marthe,
Ordinis S. Bened. *Parif.* 1715. 1720. 1725.

1728. 1731. 5. *vol. in - fol.*

222 ——————— *Idem* 4. *vol. in-fol.* non relié. 50 . .

223 Hiftoire des Archevêques de Roüen, par le 3 . . 10
P. Pommeraye, Bénédictin, *Roüen,* 1667. *in-fol.*

224 Hiftoire des Variations des Eglifes Protef- 23 . . 5
tantes, par M. Boſſuet, Evêque de Meaux, *Pa-*
ris, 1688. 2. *vol. in-quarto.*

225 Hiftoire de la Religion des Eglifes Réfor-
mées, pour fervir de Réponfe à l'Hiftoire des
Variations de M. de Meaux, &c. par Bafnage,
Rotterdam, 1690. 2. *vol. in-douze.*

226 Chaine hiftorique, ou l'Hiftoire facrée & pro- 2 . . 10
fane reduite en tables par Ignace Poindreux,
Paris, 1672. *in-fol.*

227 Hiftoire de l'Eglife par Bafnage, *Rotterdam,* 22 . .
1699 2. *vol. in-fol.*

228. Etats des Eglifes Cathédrales & Collégiales, 6 . . 1
avec les Arrêts des Parlements & Cours Souveraines, par Jean de Bordenave, *Paris,* 1643.
in-fol.

229 Table chronographique de l'état du Chrif-
tianifme, par Jacques Gautier, *Lyon,* 1609.
in fol.

230 Les Etats, Empires, & Principautés du Mon- 1 . . 18
de, avec l'origine de toutes les Religions, &
de tous les Chevaliers, & Ordres Militaires,
enfemble une Chronologie de l'Hiftoire des
Papes, &c. par le Sieur Daviti, *Paris,* 1630.
in-fol.

231 Statuta Ordinis Cluniacenfis, *anno Domini* . . 13
1678. *in-quarto.*

232 Hiftoire des Ordres Monaftiques, Religieux 66 . . 5
& Militaires, & des Congrégations féculieres
de l'un & de l'autre Sexe, par Helyot, *Paris,*
1719. 8. *vol. in-quarto.*

8 . . 3 233 Histoire de tous les Ordres Militaires ou de Chevalerie, avec leurs Vêtemens, leurs Armes & leurs Devises, gravés en cuivre, par Adrien Schoonebeek, *Amsterdam*, 1699. 2. vol. *in-douze*.

22 . . 234 Histoire de l'Edit de Nantes, *Paris*, 1686. *Delft*, 1695. 5. vol *in-quarto*.

4 . . 6 235 Histoire de la Réformation de l'Eglise d'Angleterre, traduite de l'Anglois de M. Burnet, par M. de Rosemond, *Londres*, 1683. 2. vol. *in-quarto*.

236 La Religion Chrétienne prouvée par les faits, par Houteville, *Paris*, 1722. *in-quarto*.

2 . . 8 237 Histoire de l'Inquisition de Goa, avec figures, *Amsterdam*, 1697. *in-douze*.

3 . . 19 238 Fr. Fortan. Scacchi Myrothecium, sacrorum Elæochrismaton, *Amstelodami*, 1701. *in-fol*.

239 Histoire des Flagellans, par M. l'Abbé Boileau, *Amsterdam*, 1701. *in-douze*.

2 . . 11 240 Critique de l'histoire des Flagellans, par M. Thiers, *Paris*, 1703. *in-douze*.

5 . . 1 241 Vie du Cardinal Commendon, traduite par M. Fléchier, *Paris*, 1671. *in-quarto*.

. . 5 242 Alexandri Sardi opuscula, de Moribus ac Ritibus gentium, *Venetiis*, 1557. *in-octavo*.

2 . . 15 243 Histoire de l'Abbaye de S. Denis en France, par Jacques Doublet, *Paris*, 1625. *in-quarto*.

5 . . 4 244 Les Religions du Monde, par Rosset, traduit par Thomas de la Gruë, *Amsterdam*, avec figures, 1666. *in-quarto*.

245 Les Oeuvres du P. Maimbourg, *Paris*, 13. vol. *in-quarto*.

40 . . 246 Considérations sur le Traité Historique de l'Eglise de Rome, & de ses Evêques, par Maimbourg, *Cologne*, 1686. *in-douze*,

247 Hiſtoire du Calviniſme & du Papiſme, contre l'Hiſtoire du Calviniſme, par Maimbourg,
Roterdam, 1683. 4. *vol. in-douze.* 17 .. 10

248 Critique générale de l'Hiſtoire du Calviniſme de Maimbourg, *Villefranche*, 1684. 4. *vol.
in-douze.*

249 Entretiens d'Eudoxe & d'Euchariſte, ſur 5 .. 1
l'Hiſtoire de l'Arianiſme & des Iconoclaſtes du
P. Mamibourg, *Cologne*, 1683. *in-douze.*

250 De Antiqua Eccleſiaſtica diſciplina, diſſer- 3 .. 5
tationes hiſtoricæ, autore Ludovico Elias
Dupin, *Paris*, 1686. *in-quarto.*

251 Les Vies des Saints, par M. Baillet, *Paris*, 60 ..
1704. 4. *vol. in-fol.*

252 La Vie & les Actions de l'Evêque de Munſ- .. 16
ter, Prince du S. Empire, *Cologne*, 1679. *in-
douze.*

253 Chronologie & Sommaire des Souverains 10 .. 1
Pontifes, Anciens Peres; Empereurs, Rois,
Princes & Hommes Illuſtres, dès le commen-
cement du Monde, juſqu'à l'an 1622. par
J. L. B. *Paris*, 1622. *avec figures, in-fol.*

254 Hiſtoire des Papes, par Duchêne, *Paris*, 5 .. 10
1653. *in-fol.*

255 Paulin & Alexis, deux illuſtres Amans de la
Mere de Dieu, par le P. Paul de Barry, de la
Compagnie de Jeſus, *Lyon*, 1656. *in octavo.*

256 Le Martyre de la Reine d'Ecoſſe, Doüai- 1 .. 1
riere de France, *Edimbourg*, 1588. *in-douze.*

257 La Vie de Dom Barthelemi des Martyrs, 4 ..
par M. Arnaud, *Paris*, 1664. *in-quarto.*

258 Traité de la Comédie & des Spectacles, ſe- 1 .. 1
lon la Tradition de l'Egliſe, tiré des Conciles
& des Saints Peres, *Paris* 1669. *in-douze.*

259 Tablettes Chronologiques, contenant un 1 .. 15

ordre de l'Etat de l'Eglise en Orient & Occi-
dent, & des Conciles, par G. Marcel, Avocat
au Parlement de Paris, 1682. *in-octavo.*

260 Catechisme de M. de Montpellier, *Paris*,
1715. 3. *vol. in-douze.*

261 ——————— *Idem*, 1714. *in-quarto.*

262 Catechisme de M. de Montpellier, pour en-
seigner aux enfans, *Paris*, 1714. *in-dix-huit.*

263 Vie de Saint Athanase, par M. Hermant,
Paris, 1679. 2. *vol. in-octavo.*

264 La nullité des Ordinations Anglicanes, dé-
montrée contre la défense du R. P. le Courroyer,
Docteur d'Oxford, & Chanoine Régulier de
Sainte Génevieve, par le R. P. Lequin, de
l'Ordre des Freres Prêcheurs, *Paris*, 1730.
2. *vol. in-douze.*

265 Dénonciation aux Evêques de France d'un
Livre intitulé : Défense de la Dissertation sur
la validité des Ordinations des Anglois, dans
laquelle on défend le Sacrifice de la Messe,
contre les Anglois, & le P. le Courroyer, de
Sainte Génevieve, par M. Claude le Pelletier,
1717. *in-douze.*

266 Justification de l'Eglise Romaine, sur la
Réordination des Anglois Episcopaux, ou Réponse à la Dissertation, & à la Défense de la
Dissertation sur la validité des Ordinations An-
gloises, par le R. P. Théodorique de S. René,
Carme des Billettes, *Paris*, 1728. 2. *vol. in-
douze.*

267 Relation historique & apologétique des Sentimens de la conduite du P. le Courroyer,
Chanoine de Sainte Génevieve, avec les Preuves justificatives des faits avancés dans l'ouvrage, *Amsterdam*, 1729. 2. *vol. in-douze.*

268 Sup-

268 Supplément aux deux Ouvrages faits pour la défenſe de la validité des Ordinations Anglicanes, pour ſervir de derniere Réponſe au nouvel Ouvrage du P Lequin, ſur cette matiere, & aux Cenſures de quelques Evêques de France, par le P. le Courroyer, Chanoine, *Amſterdam*, 17 3 2. *in-douze.*

269 Diſſertation ſur la validité des Ordinations des Anglois, & ſur la ſucceſſion des Evêques de l'Egliſe Anglicane, avec les preuves juſtificatives des faits avancés dans cet ouvrage, par le P. le Courroyer, Bibliothécaire de Sainte Génévieve, 2. *vol. in-douze* reliés en un. *vol.* *Bruxelles*, 1723.

270 La Diſſertation du P. le Courroyer, ſur la ſucceſſion des Evêques Anglois, & ſur la validité de leurs Ordinations réfutée par le Pere Hardoüin, de la Compagnie de Jeſus, *Paris*, 1724. 2. *vol. in-douze.*

271 Nullité des Ordinations Anglicanes, ou Réfutation du Livre intitulé : Diſſertation ſur la validité des Ordinations des Anglois, par le R. P. Michel Lequin, *Paris*, 1724. 2. *vol. indouze.*

272 Défenſe de la Diſſertation ſur la validité des Ordinations des Anglois, contre les différentes Réponſes qui ont été faites, avec les preuves juſtificatives des faits avancés dans cet Ouvrage, par l'Auteur de la Diſſertation, *Bruxelles*, 1726, 4. *vol. in-douze.*

273 Recuëil de diverſes Piéces, dont Lettres Paſtorales de M. l'Evêque de Tournay, ſur le culte de la Sainte Vierge & des Saints, *Lille*, 1674. *in-quarto.*

274 Hiſtoire de l'Egliſe ſur le Sacrement de Ma-

riage, par M. Gibert, Avocat , *Paris*, 1725.
3. *vol. in-quarto.*

12 275 Priviléges des Chevaliers de l'Ordre de S.
Jean de Jerusalem, avec les Arrêts rendus par
les Cours Souveraines de France , en faveur
de l'Ordre de S. Jean de Jerusalem , recuëillis
par le Sieur Chevalier d'Escluseaux , *Paris*,
1649. *in-quarto.*

28.. 5 276 Journal de Saint-Amour, de ce qui s'est fait
à Rome dans l'affaire des Cinq Propositions,
Amsterdam, 1662. *in-fol.*

DROIT CANON

ET CIVIL.

4.. 277 C Orpus Juris Canonici, cum Notis Pauli
Lancelot, *Parisiis*, 1618. *in-fol.*

32.. 278 Corpus Juris Canonici Gregorii XIII. Pon-
tificis Maximi jussu editum , à Petro Pithœo,
Parisiis, 1687. 2. *vol. en un vol. in-fol.*

27 { 279 Corpus Juris Canonici , cum Glossis, *Parisiis*,
1612. 3. *vol. in-fol.*
280 Stephani Daois Index Juris Pontificii, *Burdi-
gale* , 1624. *in-fol.*

1.. 4 { 281 Canisii, Summa Juris Canonici , *Parisiis*,
1640. *in-octavo.*
282 — 283 Institutiones Juris Canonici , à J.
Paulo Lancelot, *Parisiis*, 1670. *in-douze.*

11..2 284. Henrici Boich , in Decretales , Commentaria , *Venetiis* , 1576. *in-fol.*

{ 285 — 286 Joannis Leunclavii Jus Græco-

Romanum, tàm Canonicum, quàm Civile, Græc. Lat. *Francofurti*, 1596. *in-fol.*		3 . . 7

287 Nicol. de Cusa, Card. Opera, *Basileæ*, 1565. *in-fol.*

288 L'ancienne & nouvelle Discipline de l'Eglise, par le R.P. Thomassin, *Paris*, 1679. 3. *vol. in-fol.*		13 . . 15

289 Antonii Augustini antiquæ Decretalium Collectiones, Commentariis & emendationibus illustratæ, cum notitia Episcopatuum orbis, per Aubertum Miræum, *Parisiis*, 1621. *in-fol.*		3 . .

290 Epistolæ Decretalium Summorum Pontificum, *Romæ*, 1591. 3. *vol. in-fol.*		4

291 Innocentii III. Epistolæ, cum Notis Balusii, *Parisiis*, 1682. 2. *vol. in-fol.*		4 . .

292 Abbatis antiqui, & aliorum, in Decretales, Commentaria, *Venetiis*, 1588. *in-fol.*		7 . .

293 Statuta Urbis Romæ, cum glossis Leandri Galganetii ; *Romæ*, 1611. *in-fol.*

294 Decisiones Grationopolitanæ Guidonis Papæ, cum Antonii Rambaudi annotationibus, *Lugduni*, 1610. *in-fol.*		1 . . 9

295 Julii Pacii Aberiga L. C. Isagogicorum libri, in omnes titulos Institutionum, Digestorum, Codic. & Decretalium, Editio nova, cum additamentis Gerardi Vuassenœr, J. C. *Trajecti ad Rhenum*, 1662. *in-octavo.*

296 Henrici de Segusio, Cardinalis Hostiensis, in Decretales, Commentaria, *Venetiis*, 1581. 3. *vol. in-folio , grand papier.*		6 . .

297 Tractatus Guidonis Papæ, 1531. *in-octavo.*

298 Basilica Caroli Annibal. Fabroti, Græc. Lat. *Parisiis*, 1647. 7. *vol. in-fol.*		10 . .

299 Guillelmus Budocus, in Pandectas, *Parisiis*, 1535. *in-fol.*		30 . .

300 Jacobi Gothofredi Codex Theodosianus,

Lugduni, 1665. 4. *vol. in-fol.*

7 . . 301 Francisci Zipæi Opera Canonica, *Antuer-*
piæ, 1675. 2. *vol. in-fol.*

1 . . 4 302 Didaci Covarruvias Opera, cum Joannis
Uffelii Notis, *Antuerpiæ*, 1610. *in-fol.*

303 Innocentii Cironis Opera, in Jus Canoni-
cum, *Tolofæ*, 1645. *in-fol.*

29 . . 304 Bibliothéque du Droit Canonique, par
Blondeau, *Paris*, 1689. 2. *vol. in-fol.*

17 . . 305 Magnum Bullarium Romanum, *Lugduni*,
1712. 4. *vol. in-fol.*

306 Inftitutiones Juris Canonici, Joannis Pauli
Lancelot, *Venetiis*, 1630. *in-quarto.*

3 . . 1 307 Cypriani Regneri Cenfura Belgica in Co-
dicem, *Trajecti ad Rhenum*, 1666. 2. *volumes*
in-quarto.

308 ———— Ejufdem Cenfura Belgica in Pan-
dectas, *Ultrajecti*, 1669. 2. *vol. in-quarto.*

. . 16 309 Hiftoria Conciliorum Generalium, per Ed.
Richerium, *Coloniæ*, 1680. *Tom. I. in-quarto.*

350 . . 310 Conciliorum Collectio maxima, ad Regiam
Editionem exacta, quarta parte auctior, ftudio Philippi Labbe, & Gab. Coffartii, qui
Apparatum addiderunt. Acceffit Apparatus alter Dominici Jacobatii, *Parifiis*, 1672. & *feq.*
18. *vol. in-fol.*

311 Acta Conciliorum, & Epiftolarum, Decretalium, ac Conftitutionum Summorum Pontificum, ftudio Joannis Harduini, Societatis Jefu,
Parifiis, è *Typographia Regia*, 1715. 12. *vol.*
in-folio.

312 Avis des Cenfeurs nommés par le Parlement,
pour l'examen de la Nouvelle Collection des
200 . . Conciles, faite par le P. Hardoüin, Jefuite,
avec les Arrêts du Parlement qui autori

ſent ledit Avis, & l'Arrêt du Conſeil qui en a empêché la publication, *à Utrech*, 1730. *in-quarto.*

313 Analyſe, ou Idée générale des Conciles Ecuméniques & Particuliers, *Cologne*, 1706. 2. *vol. in-octavo.*   5 . .

314 Summa Conciliorum Ludovici Bail, *Pariſ.* 1659. 2. *volumes, in-folio.*   2 . .

315 Petri Abbatis Cellenſis Epiſtolæ, per Jacobum Sirmundum, Societatis Jeſu, *Pariſiis,* 1613. *in-octavo.*

Facundi Epiſcopi Hermianenſis, pro defenſione trium Capitulorum Concilii Chalcedonenſis, Libri duodecim, per Jacobum Sirmundum, Societatis Jeſu, *Pariſiis,* 1629.   . . 12

316 Hiſtoire du Concile de Conſtance, par Lenfant, *Amſterdam,* 1714. *in-quarto.*

317 Hiſtoire du Concile de Conſtance, avec les Preuves, par Bourgeois du Chaſtenet, *Paris,* 1718. *in quarto.*   16 . .

318 Hiſtoire du Concile de Trente, par Diodati, *Troyes,* 1655. *in-folio.*   1 . 12

319 Hiſtoire du Concile de Trente, de Frapaolo Sarpi, traduite par M. Amelot de la Houſſaye, ſeconde Edition, *Amſterdam,* 1686. *in-quarto.*   6 . . 2

320 Hiſtoire du Concile de Trente, par l'Abbé Chanut, *Paris,* 1674. *in-quarto.*   3 . . 1

321 Notes ſur le Concile de Trente, ſur les points les plus importans de la Diſcipline Eccléſiaſtique, le Pouvoir des Evêques, les Déciſions des Saints Peres, & les Réſolutions des plus habiles Avocats, avec une Diſſertation ſur le Meſſie, par Jaquelot, *La Haye* 1699. *in-octavo.*   4 . 13

322 Lettres & Mémoires de François de Vargas,   5 . . 2

fur le Concile de Trente, *Amfterdam*, 1700.
in-octavo.

14 323 Relation du Conclave de 1670. par Amelot
de la Houffaye, *Paris*, 1676. *in-douze.*

14 324 Capitula Generalia Ordinis Cluniacenfis,
habita annis 1685. - 1693. - 1697. - 1701.
& 1704. *Parifiis* 1704. *in-quarto.*

325 Hermanii Vulteii J. C. Jurifprudentiæ Romanæ à Juftiniano compofitæ, Libri duo, Editio fexta, *Marpurgi*, 1610. *in-octavo.*

326 Semeftrium Placitorum Magni Confilii, quæ
ad Beneficiorum fingulares Controverfias per-
4 · · 10 tinent, Liber primus, *Parifiis*, 1606. *in-octavo.*

327 Traité de la Puiffance Eccléfiaftique & Tem-
porelle, par Du Pin, *Paris*, 1707. *in-octavo.*

328 Pratique du Droit Canonique, par Bauny,
Paris, 1640. *in-octavo.*

1 · · 10 329 Joannes Boileau, de antiquis & majoribus
Epifcoporum Caufis, ad confutationem errorum Davidii, in Libro gallicè fcripto, de Ju-
diciis Canonicis Epifcoporum, *Leodii*, 1678.
in-quarto.

4 · · 1 330 Joannes Gerbais, de Caufis majoribus, *Parifiis*, 1679. *in-quarto.*

4 · · 15 331 Définitions du Droit Canonique, concernant
les Matieres Bénéficiales, par Caftel, *Paris*,
1679. *in folio.*

1 · · 16 332 Vincentii de Franchis Decifiones Neapoli-
tanæ, cum Virorum illuftrium annotationibus,
Augufta-Taurinorum, 1628. *in-folio.*

333 Petri Peckii, ad regulas Juris Canonici,
Commentaria, *Lovanii*, 1573. *in-quarto.*

1 · · 334 De la Régale, par le fieur Aubry, Avocat,
Paris, 1678. *in-quarto.*

335 Relation de ce qui s'eft paffé touchant l'af-

faire de la Régale , jusques à la mort de M.
l'Evêque d'Alet , 1681. *in-douze.*   2 . . 1

336 Recuëil de diverses Piéces , concernant la
Régale , & le Diocéfe de Pamiers , seconde
partie , *Cologne ,* 1681. *in-douze.*

337 — 338 Traités des Régales , ou des Droits du
Roi fur les Bénéfices Ecclésiastiques , par François Pinsson , *Paris ,* 1701. 2. *vol. in-quarto.*   5 . . 5

339 Traité des Annates , *Amsterdam ,* 1718. *in-*
douze.

340 — 341 Relation de la Cour de Rome , faite
l'an 1661. au Conseil du Pregadi , par Angelo
Corraro , *Leyde ,* 1663. *in-douze.*

342 L'Abbé Commendataire , par les Sieurs Des-
boisfranc & de Froimont , *Cologne ,* 1673. &
1674. 2. *vol. in-douze.*

343 Défense des Abbés Commendataires & des
Curés Primitifs , pour servir de Réponse à
l'Abbé Commendataire , *La Haye ,* 1685. *in-*
douze.

344 Les sentimens de Criton , fur l'entretien
d'un Abbé & d'un Religieux , touchant les
Commendes , *Cologne ,* 1674. *in-douze.*   3 . . 5

345 ———————— *Idem ,* 1674.

346 Lettre d'un Chanoine à un Evêque , touchant
la Régale , *Cologne ,* 1680. *in-douze.*

347 Promptuarium Juris Constantini Harme-
nopolis , cum Notis Dionisii Gothofredi , *Lugd.*
1587. Græc. Lat.   . . 10

348 Pratique du Droit Canonique , par le P.
Bauny , *Paris ,* 1633. *in-octavo.*

349 Traité des Dîmes en général , par M. Le-   3 . . 1
Maire , Avocat , *Paris ,* 1731. 2. *vol. in-douze.*

350 Ferdinandi Sciamanne , Decisiones Rotæ,
coram R. P. D. Paulo Durand , Episcopo Ur-

1 .. 5   gelenfi, *Lugd.* 1639. *infol.*

351 Guill. Benedicti Repetitio in Caput Raynu-
tius de Teftam. *Lugd.* 1591. *in-fol.*

1 .. 5   352 Ecclefiafticæ Jurifdictionis Vindiciæ adverfùs
Caroli Fevreti & aliorum tractatus de Abufu,
ab Antonio Alteffera, *Aurel. & ven. Parifiis,*
1702. *in-quarto.*

.. 10   353 Traité de l'aliénation du bien d'Eglife, &
beaux Emphitéotiques, par Jean Chenu, Avocat, *Paris,* 1634. *in-octavo.*

1 .. 9   354 Differtation fur les Vacances de Bénéfices
par devolut, par M. . . . Avocat en Parlement,
Paris, 1637. *in-douze.*

17 .. 2   355 Pragmatica Sanctio, Pinffonii, cum Notis
Guymier, *Parifiis,* 1666. *in-fol.*

1 .. 6   356 La véritable Explication du Concordat, par
Jean Chaftain, *Paris,* 1678. *in-douze.*

11 ..   357 Petri Rebuffi Praxis Beneficiorum, cum ejufdem, fuper Concord, Leonis X. Papæ, &
Francifci II. Francorum Regis, Gloffis. Acceffit Jus Regaliæ, per Arnulphum Ruzacum,
operâ & ftudio Philippi Probi, *Parifiis,* 1664. *in-
fol.*

1 .. 17   358 Abregé des Actes, Titres, & Mémoires du
Clergé de France, par Borjon, *Paris,* 1680.
in-quarto.

359 Actes, Titres, & Mémoires, concernant les
affaires du Clergé de France, en l'affemblée
tenuë à Paris, ès années 1645. & 1646. *Paris,*
Vitré, 1646. 3. *vol. in-fol.*

4 .. 10   360 Affaires du Clergé de France, depuis 1681.
jufqu'à 1682. *Paris* 1682. *in-quarto.*

361 Recuëil des Actes, Titres, & Mémoires du
Clergé de France, par déliberation du Clergé,
390 ..   du 29. Août 1705. chez la veuve Muguet,
Paris,

Paris, 1716. & tome 7. de 1719. & autres,
12. *vol. in-folio.*

362 Rochette, des matieres bénéficiales, *Paris,*   5
1623. *in-octavo.*

363 Paraphrase du Commentaire de M. Charles   7 . . 16
du Moulin, sur les regles de la Chancellerie
Romaine, composée par M. Perard Castel,
Paris, 1685. *in-fol.*

364 Joannis Launoii Tractatus de Matrimonio,   3 . . 2
Parisiis, 1674. *in-quarto.*

365 Sanchez, de Matrimonio, *Nuremberga,*   10 . .
1706. *in-fol.*

366 -- 367 Antonii Clori Sylvii Commentaria   . . 6
in Legem, Mores, & Canones Romani Juris,
Parisiis, 1603. *in-quarto.*

368 Discours sur l'impuissance de l'homme &   3 . .
de la femme, par Vincent Targereau, Ange-
vin, *Paris*, 1612. *in-octavo.*

369 Recuëil chronologique de diverses Ordon-   1 . . 9
nances, & autres Actes, Piéces & Extraits, concernant les mariages clandestins, *Paris*, 1660.
in-octavo.

370 Cardinalis Tuschi Practicæ Conclusiones Ju-   8 . . 12
ris Civilis & Canonici, *Lugduni*, 1634. 4. *vol.*
in fol.

371 -- 372 Recuëil d'Edits & Déclarations ren-   . . 10
dus au sujet de gens, de la Religion pretenduë
Réformée, *Paris*, 1682. *in-douze.*

373 -- 374 Antonii Monachii Decisiones Bono-
nienses, *Colonia-Allobrogum*, 1620. *in-*
quarto.
                                                   2 . .
375 Si la torture est un moyen sûr à verifier
les crimes secrets. Dissertation morale &
Juridique, par M. Augustin Nicolas,

Amsterdam, 1682. *in-douze.*

24 . . 5
376 Corpus Juris Civilis, cum Commentariis Antonii Contii, *Parisiis*, apud Sebastianum Nivellium, 1576. 5. *vol. in-fol.*
377 Index Juris Civilis, per Stephanum Daoyz, *Colonia-Allobrogum*, 1612. *in-fol.*

55 . . 5
378 Corpus Juris Civilis, *Lut. Parisiorum*, apud Vitré, 1628, 4. *vol. in-fol.*

25 . . 12
379 Corpus Juris Civilis, *Anstelodami*, apud Elzevir, *Lugduni-Batavorum*, 1663. 2. *vol. in-octavo.*

2 . . 9
380 Codicis Justiniani Imp. Oeconomia, autore D. Matthæo Wesembecio, *Basileæ*, 1565. *in-quarto.*
381 Aymo. Gravetta, in' Infortiatum, *Augusta-Taurinorum*, 1606. *in-fol.*
382 Arnoldi Vinnii Partitiones Juris Civilis, *Rotterodami*, 1663. *in-quarto.*

1 . . 15
383 Joann. Doujat, Theophili Institutiones Juris Civilis, *Parisiis*, 1681. 2. *vol. in-douze.*

12 . . 16
384 Les Loix Civiles dans leur Ordre Naturel, par Daumat, 1705. *in-fol.*

3 . . 18
385 Davidis Doringii Bibliotheca Jurisconsultorum, *Francofurti*, 1631. tome premier, *in-fol.*

34 . . 1
386 Bibliotheque du Droit François, par Bouchel, & augmentée par Bechefer, *Paris*, 1671. 3. *vol. in-fol.*

26 . . 1
387 Journal du Palais, *Paris*, 1702. 2. *vol. in-fol.*

5 . . 6
388 J. Thomæ Freigii Paratitla, seu Sinopsis Pandectarum Juris Civilis, *Basileæ*, 1583. *in-octavo.*
389 Hieronimi Borgiæ investigationum Juris Civilis libri 20. in quibus Antonii Fabri Conjec-

cutæ inveſtigantur & refelluntur, *Neapoli*]
1678. *in-fol.*

390 Juſtiniani Novellæ Conſtitutiones, *Lugd.*
1561. *in-fol.*

391 Breviarium Joannis Fabri, in Juſtiniani Co-
dicem, *Lugd.* 1579. *in-fol.*

392 Joannis Calvini Lexicon juridicum, *Fran-*
cofurti, 1600. *in-fol.*   5 . . 6

393 Jacobi Cujacii Opera, per Carolum Anni-
bal. Fabrotum, *Lut. Pariſ.* 1658. 10. *vol. in-* 13 . .
fol.

394 Jacobi Cujacii Codex Theodoſianus, *Pariſ.*
Nivel., 1586. *in-fol.*   23 . . 1

395 Edits & Ordonnances des Rois de France,
depuis Loüis VI. juſques à préſent, par Fontanon, *Paris*, 1611. 3. *vol. in-folio.*

396 Caroli Molinæi Opera, *Pariſiis*, 1681. 5. 149 . .
vol. in-folio.

397 Antonii Mornaci Opera, *Pariſiis*, 1654. 16 . . 16
4. *vol. in-folio.*

398. Recüeil d'Edits & Ordonnances, augmen-
té ſur l'Edition de Neron & Girard, *Paris*, 28 . . 1
1720. 2. *vol. in-folio.*

399 Oeuvres de René Chopin, par Tournet, 29 . .
Paris, 1663. 5. *vol. in-folio.*

400 Oeuvres de M. Jean Bacquet, augmentées, 29 . .
par Claude de Ferriere, *Paris*, 1688. *in fol.*

401 Oeuvres de M. Guy Coquille, *Paris*, 1665. 17 . .
2. *vol. in-folio.*

402 Traité de l'Abus, par Charles Fevret, ſe- 6 . . 5
conde édition, *Lyon*, 1667. *grand papier*,
in-folio.

403 Ordonnances des Rois de France, de la troi- 70 . .
ſiéme Race, recüeillies par de Lauriere & autres
Avocats, *Paris, de l Imprim. Royale*, 4. *vol. in-fol.*

15..

404 Conférence du Droit François avec le Droit Romain, par Bernard Automne, troisiéme Edition, *Paris*, 1629. *in-folio.*

405 Oeuvres de Antoine Despeisses, *Lyon*, 1696. *in-folio.*

52.. 19 406 Journal des Audiences du Parlement de Paris, par Dufresne, *Paris*, 1678. 6. *vol. in-folio.*

24..

407 Questions de M. Julien Peleus, décidées par Arrêts du Parlement de Paris, seconde Edition, *Paris*, 1608. *in-quarto.*

408 Oeuvres de François Grimaudet, *Paris*, 1669. *in-folio.*

409 Traité des Droits de Patronage, par Claude de Ferriere, Avocat au Parlement, *Paris*, 1686. *in-quarto.*

410 Code Henry III, par la Rochemaillet, *Paris*, 1622. *in-folio.*

411 Petrus Rebuffus, in Constitutiones Regias, *Lugduni*, 1550. *in-folio. avec 413*

412 Recuëil d'Arrêts, par Claude Henrys, *Paris*, 1662. 2. *vol. in-folio.*

5.. 2 413 Arrêts de la Cour du Parlement de Provence, recuëillis par Hyacinthe de Boniface, *Paris*, 1673. 2. *vol. in-folio.*

30..

414 Recuëil général des Edits, Déclarations, Arrêts & Réglemens du Parlement de Tolose, par Samuël Descorbiac, *Paris*, 1638. *in-folio.*

415 Notables & singulieres Questions du Droit écrit, décidées & jugées par Arrêts du Parlement de Toulouse, recuëillies par M. Gerauld de Maynard, *Paris*, 1628. *in-folio.*

24..16 416 Oeuvres de M. Claude Henrys, *Paris*, 1708. 2. *vol. in-folio.*

6.. 417 Dictionnaire des Arrêts, par Claude de la Ville, *avec du papier blanc entre les feuilles*, *Paris*, 1692. 2. *vol. in-folio.*

418 Conference des Ordonnances ; par Pierre 15 .. 6
Guenois, *Lyon*, 1660. 3. *vol. in folio.*

419 Arrêts de Bouguier, *Paris*, 1622. *in-quarto.*

420 Arrêts de Lepreſtre, avec un Traité des ma- 29 .. 10
riages clandeſtins, augmentés par Gueret, Avocat, *Paris*, 1695. *in-folio.*

421 Abrégé des Ordonnances-Royaux, par ordre
alphabétique, par Nau, *Paris*, 1658. *in-quarto.*

422 Arrêts de Loüet, commentés par Brodeau, 11 ..
Paris, 1693. 2. *vol. in-folio.*

423 Les Maximes du Palais, tirées des Arrêts de
Loüet, *Paris*, 1657. *in-octavo.* 2 .. 14

424 Arrêts de Leveſte, *Paris*, 1612. *in-quarto.*

425 Plaidoyers & Arrêts de la Cour de Parlement, 9 .. 9
Aydes & Finances de Dauphiné, par Baſſet,
Grenoble, 1677. 2. *vol. in-folio.*

426 Recüeil d'Arrêts, par Bardet, *Paris*, 1690. 24 .. 19
in-folio.

427 Arrêts de Filleau, *Poitiers*, 1668. 2. *vol. in-* 15 .. 19
folio.

428 Arrêts notables du Parlement de Toloſe, par
la Rocheflavin, *Lyon*, 1631. *in-octavo.*

429 Arrêts de Bourgogne, par M. Jean Bouvot,
avec un Commentaire du même Auteur, ſur le
Titre de la Coûtume de Bourgogne, Des droits
appartenans à gens mariés, *Genéve*, 1623. 2. *vol.*
in-quarto. 7 .. 12

430 Arrêt de la Cour de Parlement de Paris, donné en robes rouges, en 1626. ſur la forme des
teſtamens, qui doit être obſervée aux pays de
Droit écrit, *Paris*, 1630. *in-octavo.*

431 Arrêts de la Cour, prononcés en robes rouges, recüeillis par M. Jacques de Montholon,
Paris, 1634. *in-quarto.*

432 Commentaria Joan. Conſt. in Conſtitutiones

Regias, *Parisiis*, 1549. *in-octavo*.

433 Traités des Hypotéques, par M. Henri Baſ-
nage, *Rouën*, 1681. *in-quarto*.

434 Paraphraſe ſur l'Edit des mariages clandeſti-
nement contractés par les enfans de famille ,
contre le gré & conſentement de leurs pere &
mere, par J. de Coras, *Paris*, 1579. *in-octavo*.

435 Joannis Læti Compendium Hiſtoriæ univer-
ſalis Civilis & Eccleſiaſticæ, *Amſtelodami*, 1661.
in-octavo.

436 Tractatus Petri Peckii, de jure ſiſtendi , *Co-
lonia-Agrippinæ*, 1615. *in-octavo*.

437 Edit portant révocation de la Chambre de
Juſtice, le 13. Août 1669. *aris*, 1669. *in-quarto*.

438 Arrêt mémorable du Parlement de Toloſe ,
contenant une hiſtoire prodigieuſe d'un ſuppoſé
mari , advenuë de notre tems, par J. de Coras,
Paris, 1572. *in-octavo*.

439 Harangues, Propoſitions , Opinions , Réſolutions & Arrêtés du Tiers-Etat, avec le Procès
verbal de tout ce qui s'eſt paſſé de jour en jour
en ladite Chambre , & l'ordre tenu en icelle ,
ſur la copie imprimée, *aris*, 1615. *in-octavo*.

440 Le nouveau & parfait Notaire François , par
feu C. le Brun , & mis en lumiere par M. J.
Caſſan, Praticien, *Paris*, 1666. *in-octavo*.

441 Baltazaris Thomaſii Opera, *Batavii*, 1642.
in-folio.

442 Julii Clari Opera, *Lugduni*, 1672. *in-folio*.

443 Gaſparis Antonii Theſauri Quæſtiones Forenſes, *Auguſtæ-Taurinorum*, 1612. *in-folio*.

444 Julii Caponi Diſſertationes Forenſes, *Lugduni*, 1677. 3. *vol. in-folio*.

445 Franciſci Connani Commentaria in Jus Civile , operâ & ſtudio Bartholomæi Faje , *Lut-*

Parif. 1558. *apud Vafcofan , in-folio.*

446. Traité de la Communauté , par Renuſſon ; *Paris,* 1699. *in-folio.*

447 Traité des Propres , par Renuſſon , *Paris,* 1681. *in-folio.*

448 Traité de la Subrogation , par Renuſſon , *Paris,* 1685. *in-quarto.*   12 . .

449 Traité du Doüaire , par Renuſſon , *Paris,* 1699. *in-quarto.*

450 Oeuvres de Peleus , contenant pluſieurs Queſtions illuſtres en Droit écrit, & Conſtitution de l'Egliſe Gallicane , enſemble les Arrêts , avec les Plaidoyers des anciens Avocats, *Troyes,* 1631. *in-folio.*   3 . . 12

451 Les Baſiliques , ou Edits & Ordonnances des Rois de France , ſelon les Mémoires de feu M. Briſſon , par Nicolas Frerot , *Paris,* 1611. *in-fol.*

452 De Dote , Tractatus variorum Juris Civilis , *Lugd.* 1569. *in-fol.*

453 Plaidoyers , & Oeuvres diverſes de M.   3 . . 2
Patru , de l'Academie Françoiſe , *Paris,* 1681. *in-quarto.*

454 Arrêts de la Cour de Parlement , intervenus   1 . . 12
dans la cauſe des Aubriot , &c. avec les Plaidoyers de M. Talon , & de M. Pouſſet , ſieur de Montauban , & quelques autres Plaidoyers dudit ſieur de Montauban , *Paris,* 1660. *in-quarto.*

455 Arrêts de M. Laurent Bouchel , & Jacques Joly , *Paris* 1630. *in-quarto.*

456 Arrêts des Cours Souveraines de France , par Papon , augmentés par Chenu , & la Faye , *Paris,* 1621. *in quarto.*   6 . . 1

457 Arrêts du Parlement de Bretagne , pris des Mémoires & Plaidoyers de feu M. Sebaſtien

Frain, avec quelques remarques du même Auteur, sur des matieres de Droits, & de Pratique, troisiéme Edition, augmentée d'Annotations, Plaidoyers, & Arrêts, par M. Pierre Hevin, *Rennes*, 1684. 2. *vol. in-quarto.*

12 { 458 Arrêts du Parlement de Bretagne, recuëillis par Dufail, derniere Edition augmentée par Sauvage, *Rennes*, 1654. *in-quarto.*

459 Ordonnances sur la Chambre des Comptes de Bretagne, *Tours*, 1556. *in-quarto.*

8..2 460 Arrêtés de M. le Président de Lamoignon, 1702. *in-quarto.*

..10 461 Recuëil d'Edits & Arrêts, portant établissement d'une Chambre de Justice, pour la recherche des abus dans les Finances, depuis l'année 1635. jusqu'à 1669. *in-quarto.*

2..2 462 Recuëil des Edits, Déclarations, & Arrêts du Conseil, au sujet des Gens de la Religion prétenduë réformée, *Paris*, 1714. *in-douze.*

9..2 463 Recuëil d'Edits, Déclarations, Arrêts, & Reglemens, portant les qualités nécessaires, &c. pour être pourvû d'Office de Judicature, *Paris*, 1712. 2. *vol. in-quarto.*

464 Edits du Roi pour le Contrôle des Exploits, avec les Déclarations, Arrêts, & Reglemens rendus en interprétation, *Paris*, 1677. *in-quarto.*

26..5 465 Recuëil de Consultations, par François de Cormies, Avocat au Parlement de Provence, *Paris*, 1735. 2. *vol. in-fol.*

21..16 466 Conférence des Coûtumes générales & locales, par Guenois, *Paris*, 1596. *in-fol.*

3..10 467 Bibliothéque des Coûtumes, *Paris*, 1699. *in-quarto.*

2..3 468 Nouvelle Institution Coûtumiere, par M. Claude Ferriere, *Paris*, 1692. 2. *vol. in-douze.*

469 Le

469 Le grand Coûtumier de France, *Paris*, 1514. 1 . . 1
en lettre Gotique, *in-quarto*.

470 Nouveau Coûtumier général, par de Riche-
bourg, *Paris*, 1724. 4. *vol. in-fol.* 111 . .

471 Instituts Coûtumiers, par M. Antoine Loisel, . . 7
Paris, 1679. *in-douze.*

472 Corps & compilation de tous les Commen-
tateurs anciens & modernes, sur la Coûtume 90 . .
de Paris, par Ferriere, *Paris*, 1714. 4. *vol. in-fol.*

473 Coûtume de Paris, rédigée par M. Chris- 6 . 6
tophe de Thou, *Paris*, 1585. *in-quarto.*

474 Duplessis, sur la Coûtume de Paris, seconde
Edition avec des Notes de Mes. Beroyer, & de
Lauriere, *Paris*, 1702. avec du papier blanc
entre les feüilles, 3. *vol. in-fol.*

475 Coûtume de Paris, par Fortin, augmentée 4 . . 5
par Ricard, *Paris*, 1666. *in-fol.*

476 Bertrandi Argentreæ, in Consuetudines Britanniæ, Commentaria, *Paris*, 1613. *in-fol.*

477 Compendium, sive Technologia, in Consuetudines Britanniæ, 1545. *in-douze.*

478 Dionisius Pontanus, in Consuetudines Ble-
senses, *Blesis*, 1556. *in-fol.*

479 ——————— Idem, *Parisiis*, 1677. *in-fol.*

480 Julien Prodeau, sur la Coûtume du Maine,
Paris, 1645. *in-fol.*

481 Gabriel du Pineau, Observations, Questions,
& Réponses, sur la Coûtume, d'Anjou,
Angers, 1646. *in-fol.* 4 . . 2

482 Coûtumes d'Anjou, par Gabriel Michel de
la Roche-Maillet, *Paris*, 1633. *in-douze.*

483 Jean Vigier, sur les Coûtumes d'Angoul-
mois, Aulnis & la Rochelle, *Paris*, 1650. *in-
fol.* 5 . .

484 J. Baptiste Buridam, sur la Coûtume de

Reims , *Paris* , 1 6 6 4. *in - fol.*

485 François Ragueau, fur la Coûtume de Berry , *Paris* , 1615. *in-fol.*

486 Joan. Paponis, in Burbonias Confuetudines Commentaria , *Lugd.* 1550. *in-fol.*

8.. 487 Jean du Frefne, fur la Coûtume d'Amiens , avec une Conference des Coûtumes de Ponthieu, Peronne, & Artois, *Paris* , 1671. *in-fol.*

488 Coûtumes du Pays & Duché d'Anjou , conferées avec les Coutumes voifines, par G. du Pineau, *Paris* , 1698. *in-fol.*

489 Coûtume du Duché de Bourgogne, par Claude de Rubys, *Lyon* , 1588. *in-octavo.*

490 Coûtume générale de Bourgogne, par Taifant , *Dijon* , 1698. *in-fol.*

9..16 491 Affis & bons Ufages du Royaume de Jerufalem , enfemble les Coûtumes de Beauvoifis, par Thomas de la Thomaffiere , *Bourges* , 1690. *in-fol.*

492 Coûtume d'Orleans, commentée par de la Lande, feconde Edition , *Orleans* , 1704. 2. *vol. in fol.*

493 Coûtume du Baillage d'Orleans , par Leon Trippault, Avocat, *Orleans* , 1570. *in-octavo.*

494 Coûtume d'Orleans , par Achilles de Hardi, *Orleans* , 1609. *in-trente-deux.*

12..12 495 Le Coûtumier de Picardie , *Paris* , 1726. 3. *vol. in fol.*

496 — 497 Henry Bafnage, fur la Coûtume de Normandie, *Roüen* , 1678. & 1681. 2. *vol. in-fol.*

12.. 498 Jean Berault , fur la Coûtume de Normandie , *Roüen* , 1660. *in - folio.*

499 Guillaume Terrien , fur la Coûtume de Normandie, *Roüen* , 1654. *in-fol.*

500 De Confuetudine Normaniæ, Gallicè &
Latinè, diligenter vifa, & Commentariis re-
cens editis aucta & illuftrata, autore Tanigio
Sorino Leffaco, Juris utriufque Doctore, &
Regis Confiliario, *Cadomi*, 1568. *in-quarto*.

501 Jacques Godefroy, fur la Coûtume de Normandie, *Roüen*, 1626. *in-fol*.

502 Coûtume de Normandie, avec les Commentaires d'un Anonyme, *Roüen*, 1599. *in-quarto*.

503 Le Coûtumier de Normandie, avec la
Chartre des Priviléges, & libertés de Normandie, *Roüen*, 1552. *in-octavo*.

504 Le Coûtumier de Normandie, *Roüen*. 1578.
in-octavo.

505 Reliefs Forenfes de M. Sebaftien Roüillard,
feconde Edition, *Paris*, 1610. *in-quarto*.

506 Ægidii Tulli Carnutali, in leges quafdam
Carnutum municipales, Commentarii, *Parif.*
1560. *in-quarto*.

507 Coûtume de Chartres, avec les Commentaires, Apoftilles, & Annotations de feu M.
Charles du Moulin, Gilles Tuloue, & Nicolas Frerot, *Paris*, 1604. *in-quarto*.

508 Coûtume de Chartres, avec les Notes &
Apoftilles de M. Jean Coüart, *Paris*, 1630.
in-octavo.

509 Statuta Delphinalia, *Gratianopoli*, 1619
in-quarto.

510 Coûtumes générales du Comté d'Attois,
Arras, 1679. *in-douze*.

511 Coûtume de Vermandois, commentée par
Jean Baptifte Buridam, avec la Conférence
des Coûtumes, & celle de Paris, & Rheims,
fur chacun des articles de ladite Coûtume,
Reims, 1630. *in-quarto*.

512 Le Praticien François, avec les Coûtumes de la Ville, & Viguerie de Toulouse, par Gabriel Cayron, cinquiéme Edition, *Toulouse*, 1665. *in-quarto*.

513 ——————— *Idem*, *in-quarto*.

514 Coûtumes du Loudunois, par Pierre le Prouft, fieur de Baulieu, *Saumur*, 1612. *in-quarto*.

515 Coûtume du Baillage de Bar, *S. Mhiel*, 1623. *in-quarto*.

516 Coûtumes de Toulon, par M. François François, *Lyon*, 1615. *in-quarto*.

517 Coûtume du Comté & Pays de Poitou, redigée par M. de Thou, *Poitiers*, 1605. *in-quarto*.

518 Petrus Rat, in Confuetudinem Pictonum, *Auguftorini-Pictonum*, 1609. *in-quarto*.

519 Commentarii in Leges Marchiæ municipalis, Autore Nicolao Calleo Garactenfi, J. C. *Parifiis*, 1573. *in-quarto*.

520 Coûtumes du grand Perche, avec les Apoftilles de du Moulin, & les Notes de Gilles de Bry, *Paris*, 1659. *in-octavo*.

521 Coûtume d'Auvergne, *Clermont*, &c. 1627. *in-octavo*.

522 Coûtumes générales de la ville de Metz, & Pays Meffin, commentées par M. de Linage, Confeiller au Parlement de Metz, *Metz*, 1730. *in-quarto*.

523 Coûtume de Senlis, par de S. Leu, *Paris*, 1703. *in-quarto*.

524 Coûtume générale de Bretagne, *Rennes*, 1583. *in-octavo*.

525 Coûtume de Bretagne, commentée par Pierre Belordeau, feconde Edition, *Paris*, 1628. *in-quarto*.

526 Diſſertations ſur la mouvance de la Bretagne , par rapport au Droit que les Ducs de Normandie y prétendoient, & ſur quelques autres ſujets hiſtoriques, *Paris , in-douze.*   2..

527 Controverſes du Parlement de Bretagne, décidées par Arrêts du même Parlement, ſeconde Edition, *Paris*, 1626. 2. *vol. in-quarto.*

528 Obſervations Forenſes du Parlement de Bretagne, ſeconde Edition , *Paris*, 1622. *in-quarto.*

529 Plaidoyers & Arrêts du Parlement de Bretagne , par M. Sebaſtien Frain , avec quelques Arrêts ſur la Coûtume de Bretagne , *Rennes*, 1646. *in-quarto.*

530 Commentaire ſur la Coûtume de Berry , par Mauduit, avec les Notes de du Moulin, *Paris*, 1640. *in-octavo.*

531 Chaſſané , ſur la Coûtume de Bourgogne , *Paris*, 1534. *in-quarto.*

532 L'Uſance de Xaintonge, par Claude Bechet , *Xaintonge*, 1633. *in-octavo.*

53. ———— *Idem*, *in-octavo.*

534 Coûtume de Meaux, par Champy , Avocat au Parlement, *Paris*, 1668. *in-douze.*

535 Coûtume de Blois , avec les Notes de M. Charles du Moulin, Denis Dupont, & autres, *Blois*, 1629. *in-douze.*   2..

536 Coûtumes de Châlons , par Louis Godet , *Châlons*, 1615. *in-douze.*

537 Coûtumes de Peronne, Montdidier & Roye, rédigées par Mrs. Chriſtophe de Thou & autres , *Paris*, 1569. *in-quarto.*

538 Coûtume de Lorraine pour les Baillages de Nancy , Voſges & Allemagne, avec le ſtile des

procédures d'Affifes & de Juftice , le Reglement
& taxe d'icelles , *Efpinal* , 1633. *in-quarto.*

539 Expofition Sommaire fur la Coûtume d'An-
goumois , par M. Pierre Gaudilliard , & un
Traité des Criées , avec les Notes de M. du
Moulin , & un Réglement pour les Greffiers &
Procureurs , *Angoulême* , 1633. *in-quarto.*

540 Statuts & Coûtume de Provence , commentés par M. Jacques Morgues , *Aix* , 1658.
in-quarto.

541 Coûtume générale de Vitry , *Troyes* , 1509.
in-octavo.

542 Coûtume du Perche , imprimée fur l'original
de Mrs. les Commiffaires qui ont procedé à la
rédaction d'icelle , avec les Apoftilles de du
Moulin , *Paris* , 1621. *in-quarto.*

543 Coûtume de Touraine redigée par Chrift.
de Thou , &c. augmentée du ftile & forme
de procedure ès Jurifdictions dudit Duché, fait
par M. Boret , *Tours* , 1591. *in-quarto.*

544 Loüis Vrevin , fur la Coûtume de Chaulni ,
avec les Ordonnances des Affifes , *Paris* , 1648.
in-quarto.

545 Coûtume de Senlis , en Clermont , en letre
gotique , 1544. *in-octavo.*

546 Coûtume d'Auvergne , avec les Paraphrafes
de M. de Bafmaifon , & les Notes de Charles
du Moulin , quatriéme Edition augmentée par
M. Guillaume Conful , *Clermont* , 1667. *in-
quarto.*

547 Les Chartes nouvelles de Hainault , feconde Edition , *Mons* , 1623. *in octavo.*

548 Francifcus de Barry , de Succeffionibus tefta.
ac inteftat. *Lugduni* , 1671. *in-folio.*

Moulin, Avocat, *Paris*, 1586. *in-octavo.*

564 Traité Méthodique du Droit Civil, par M.
J. U. D. L. *Paris*, 1655. *in-octavo.*

565 Instruction du procés criminel, selon les
Loix, Canons, Statuts, Ordonnances, & Arrêts par forme de Dialogue, entre le Maître
& le Disciple, *Paris*, 1623. *in-octavo.*

566 Tractatus de jure accrescendi, Fideicom-
missis, & concurrentibus actionibus, Autore
Andræa Raymondo Pancy, J. U. Doctore,
Parisiis, 1685. *in-douze.*

567 Joannes Bertrandus, de Jurisperitis, *Lugd.*
Bat. 1675. *in-octavo.*

568 Antonini de Amato, variæ resolutiones Juris forenses & praticabiles, *Lugd.* 1668. *in-fol.*

569 Actionum Forensium Tractatus, per D.
Joannem Oldendorpium, *Lugd.* 1545. *in-octavo.*

570 Code des Décisions Forenses, par M. Pierre
de Brosse, *Coligny*, 1612. *in-quarto.*

571 Vincentii Cabotii Disputationes, per Pe-
trum Fabrum Jan-jorium, *Parisiis*, 1597. *in-*
octavo.

572 Praxis criminis persequendi libri sex. per
M. P. Bougler, D. de Bretencourt, *Rothomagi*,
1624. *in-octavo.*

573 Ægidii Menagii Juris Civilis amœnitates,
ad Ludovicum Nublacum, Advocatum Pari-
siensem, *Lutetia-Parisiorum*, 1664. *in-octavo.*

574 Julii Pacii J. C. clarissimi, Analysis Institutionum Imperialium, per Joannem Fech.
J. C. *Lugd.* 1643. *in-octavo.*

575 Commentaires sur les Ordonnances de
Blois, par M. Philibert Bugnyon, Avocat du
Roi, *Lyon*, 1582. *in-octavo.*

576 Claudii Chefletii J. C. de Substitutionibus,
de

de partitionibus legitimis, de jure fideicommif-
forum, de fecundo capite Legis Aquiliæ, nova
& accuratiffima difquifitio, *Lugduni*, 1584. *in-*
octavo.

577 Traité des Loix abrogées, par Bugnyon,
Lyon, 1574. *in-octavo*.

578 Jacob. Menochius de Præfumptionibus, *Lug-*
duni, 1608. 2. *vol. in folio*.

579 —— De arbitrariis, *Venetiis*, 1613. *in-fol.*   13 . . 4

580 —— *Idem*, de adipifcendâ poffeffione, *Ve-*
netiis, 1618. *in-folio*.

581 Ludovici Poftii Caufarum Civilium Refolu-
tiones, *Venetiis*, 1644. *in-folio*.

582 Ægidius Boffius, de Criminalibus, *Lugduni*,
1566. *in-folio*.

583 Ordonnances de Louis XIV. enfemble les
Edits & Déclarations, touchant la réformation
de la Juftice, du mois d'Août 1669. *Paris*,
1669. *in-quarto*.

584 Plaidoyers de M. Jacques de Montholon,
Avocat en la Cour, pour les Peres Jefuites,
demandeurs, *Paris*, 1612. *in-octavo*.   1 . . 1

585 Plaidoyers de M. Jacques Corbin, Avocat en
Parlement, *Paris*, 1611. *in-octavo*.

586 Plaidoyers, & autres Oeuvres de Jean de
Montreuil, Avocat en Parlement, *Paris*, 1629.
in-octavo.

587 Plaidoyers & Harangues de M. Lemaître,   3 . .
feptiéme Edition, *Paris*, 1688. *in-quarto*.

588 Plaidoyers de M. Simon Marion, avec l'in-
ventaire pour M. le Connétable de Montmo-
rency, en la caufe de Châteaubriant, *Paris*,
1625. *in-quarto*.

589 Oeuvres d'Olive, *Lyon*, 1656. *in-quarto*.   . . 17

590 Le vrai ftyle du Confeil privé du Roi, de la

Cour de Parlement, de la Cour des Aydes, des Requêtes du Palais, & du Châtelet de Paris, par L. D. C. Avocat en Parlement, *Paris*, 1623. *in-octavo*.

591 Nouveau Style du Parlement de Paris, de la Cour des Aydes, Requêtes du Palais & de l'Hôtel, Chambre des Comptes & du Tréfor, & des autres Jurifdictions de l'Enclos du Palais, par Gaftier, *Paris*, 1661. *in-quarto*.

592 Paraphrafes de Gilles Bourdin fur l'Ordonnance, *Paris*, 1615. *in-octavo*.

593 Francifcus de Roye, de Jure Patronatûs, *Andegav.* 1667. *in-quarto*.

594 Nouveau Style des Chancelleries, &c. par du Sault, *Paris*, 1666. *in-quarto*.

595 Le parfait Praticien François, par Mercier, *Paris*, 1684. *in-quarto*.

596 L'Ordre, formalité, & Inftruction judiciaire, par Pierre Ayrault, troifiéme Edition, *Paris*, 1604 *in-quarto*.

597 Recueil de Reglemens par Chenu, *Paris*, 1602. *in-quarto*.

598 Recueil fur la Jurifdiction des Confuls, *Paris*, 1668. 2. *vol. in-quarto*.

599 Recuëil des Ecrits fur le differend d'entre Mrs. les Pairs de France, & Mrs. les Préfidens au Mortier du Parlement de Paris, fur la maniere d'opiner aux Lits de Juftice, avec l'Arrêt en faveur des Pairs, *Paris*, 1664. *in-quarto*.

600 Oeuvres de feu M. Gilles Lemaître, divifées en cinq livres, des Criées & Saifies réelles, des Amortiffemens & Francs-Fiefs, des Régales, des Fiefs, Hommages & Vaffaux, des Appellations comme d'abus, feconde Edition, augmentée de plufieurs Décifions & Arrêts, par M.

Claude Bernard, *Paris*, 1675. *in-quarto.*

601 Traité des Fiefs & de leur origine, par Chantereau le Fevre, *Paris*, 1662. *in-folio.* 4 -- 10

602 De l'Usage des Fiefs & autres Droits Seigneuriaux, par Denis de Salvaing, seconde Édition, *Grenoble*, 1668. *in-folio.*

603 Contre le Franc-Aleu, sans titre prétendu par quelques Provinces, au préjudice du Roi, *Paris*, 1629. *in-octavo.* -- 13

604 Traité de la Jurisprudence, par Pierre de Lommeau, *Saumur*, 1605. *in-quarto.*

605 De Jurisdictione Commentarii, de viâ, arte & ratione docendi discendique, autore Tanigio Sorino Lesséo, Juris utriusque Doctore, & Regis Consiliario, *Cadomi*, 1567. *in-quarto.* -- 5

606 Traité des Donations & Substitutions, avec la Coûtume de Senlis, par Ricard, *Paris*, 1685. 2. *vol. in-folio.* 5+ 9 -- 10

607 Pratique de Masuer, mise en françois par Fontanon, augmentée par Guénois, *Paris*, 1606. *in-quarto.* 1 -- 4 1 -- 19

608 Le refuge & garant des Pupilles, Orphelins, & Prodigues, par M. Josse de Damhoudere, *Anvers*, 1567. *in-quarto.* 1 1 -- 5

609 Fondation faite par les Duc & Duchesse de Nivernois, Prince de Mantouë, Comte de Rhételois & d'Auxerre, &c. Pair de France, pour marier par chacun an à perpétuité, en leurs Terres & Seigneuries, jusqu'au nombre de soixante pauvres filles, ensemble les Arrêts de la Cour de Parlement, & autres Pieces, 1663. *in-quarto.*

610 Consilia & Responsa Caroli Molinæi, *Geneva*, 1582. *in-folio.* 6 -- 17

611 Olbradi Pontani Consilia, *Lugd.* 1550. *in-fol.*

(52)

612 Alberti Bruni Consilia feudalia, *Francofurti*, 1578. *in-folio.*

613 Ludovici de Ponte Romani Consilia, *Francofurti*, 1577. *in-folio.*

614 Alexandri Tartagini Imolensis Consilia, *Francofurti*, 1575. 2. *vol. in-folio.*

615 Henrici Kinschoti Responsa, sive Consilia Juris, per Valerium-Andream Desselium, *Bruxellis*, 1653. *in-folio.*

616 Tiraquelli Opera, *Lugduni*, 1614. 4. *vol. in-folio.*

617 Bartholii Opera, *Basilea*, 1562. 4. *vol. in-folio.*

618 Helfrici Ultrici Hunnii Encyclopœdia Juris universi, *Colonia-Agrippina*, 1642. *in-folio.*

619 Communes Opiniones Juris diversorum, *Lugduni*, 1571. *in-folio.*

620 Dom. Michaëlis de Cordiada Decisiones Senatûs Cathalauniæ, *Lugduni*, 1677. *in-folio.*

621 Le récit & les preuves données au Roi, des complots, suppositions, & pillages faits par les Sieurs de Riantz, Procureur de Sa Majesté au Châtelet de Paris, & Bouton de Ferrieres, par les Sieurs & Dames de Bellegarde, 1673. *in-douze.*

622 Ordonnance du Duc de Bouillon pour Bouillon, Sedan, Jamects, Raucourt, &c. avec leurs Coûtumes générales, *Paris*, 1558. *in-folio.*

623 Antonii Matthæi Comment. de criminibus, secunda Editio, *Amstelodami*, 1661. *in-quarto.*

624 Nicolai Fermosini Tractatus Criminalium, *Lugduni*, 1670. *in-folio.*

625 Pratique judiciaire, tant civile que criminelle, de Jean Imbert, avec les Commentaires de Pierre Guénois, *Genéve*, 1625. *in-quarto.*

626 Sebastiani Guallini Opera criminalia, Antuerpiæ, 1676. 3. vol. in-fol.   1 · · 4

627 Le vrai Praticien François, par M. Vincent
Tagereau, Avocat en Parlement, Roüen, 1655.
in-octavo.   7 · · 10

628 Le Praticien universel, & la Pratique de
toutes les Jurisdictions du Royaume, par M.
Courchot, Avocat au Parlement, Paris, 1712.
6. vol. in-douze.

629 La Justice criminelle de France, par Laurent Bouchel, Paris, 1621. in-quarto.   · · 10

630 Arrêts & Reglemens pour les Procureurs,
autremeut dit, Code Gillet, Paris, 1694. in-
quarto.

631 Ordonnance de Loüis XIV. de 1667. Paris, 1667. in-douze.

632 Ordonnance de Loüis XIV. de 1670.
Paris, 1671. in-seize.   3 · ·

633 Ordonnance de Loüis XIV. de 1670. Paris,
1724. in-seize.

634 Ordonnance de Loüis XIV. donnée à Saint
Germain en Laye, au mois d'Août 1670. pour
les matieres criminelles, Paris, 1670. in-
quarto.

635 Ordonnances de Loüis XIV. concernant
la Jurisdiction des Prévôt des Marchands &
Echevins de la ville de Paris, Paris, 1685.
in-douze.   · · · 16

636 Abregé alphabetique des Edits, & Déclarations du Roi Loüis XIV. par le sieur H.
B. Paris, 1685. in-douze.   · · 8

637 Traité des rentes, par L. B. Avocat au
Parlement de Paris, Paris, 1615. in-octavo.

638 Edits, & Ordonnances des Eaux & Forêts,
recueillis par de Saint-Yon, Paris, 1610. in-fol. 24 · ·

639 Priviléges des Monoyers de Nantes, con-
cedés par les Ducs de Bretagne, & Rois de
France, *Nantes*, 1609. *in-quarto*.

640 Ordonnance de Loüis XIV. sur le fait
des Gabelles & des Aydes, *Paris*, 1680. *in-
douze*.

641 Bail des Gabelles de France, de Legendre,
pour six années commencées au premier d'Octobre 1668. *Paris*, 1670. *in-quarto*.

642 Recuëil d'Arrêts touchant les Gabelles,
depuis le quatriéme Juin 1642. jusqu'au 31.
Octobre 1674. *Paris*, *in-fol.*

643 Traité des Aydes, Tailles, & Gabelles, par
Laza du Crot, Avocat au Conseil, *Paris*, 1636.
in-octavo.

644 Traité des Aydes, Tailles, & Gabelles,
par François Desmaisons, Avocat en Parlement, *Paris*, 1666. *in-octavo*.

3 .. 1 645 ——————— *Idem*, 1671.

646 Nouveau recuëil des Edits, Déclarations,
Arrêts, & Reglemens concernant les Domaines
de France, seconde partie, *Paris*, 1682. *in-
quarto*.

647 ——————— *Idem*, seconde partie, *Paris*,
1676. *in-quarto*.

648 Bail des Domaines du Roi, fait à M. François Euldes, pour six années commençantes au
premier Juillet 1666. avec les Arrêts & Reglemens rendus pour l'exécution dudit bail, *Paris*,
1678. 2. *vol. in-quarto*.

649 Bail & droits y joints, fait à M. Jean Fau-
connet, pour six années commencées le premier Octobre 1681. *Paris*, 1685. *in-quarto*.

650 Tarif des Droits de sorties & entrées
du Royaume, & des Provinces, ou les Bu-

reaux des cinq groſſes Fermes, avec l'Edit du Roi, pour le payement deſdits Droits, &c. & deux Déclarations de Sa Majeſté, du 18. Avril 1667. & 28. Mai 1685. *Paris*, 1688. *in-quarto.*

651 Recuëil d'Edits, & Déclarations, ſur les Hôpitaux & Maladeries de France, *Paris*, 1675. *in-fol.*

652 Tarif général des Droits de ſorties & entrées du Royaume, arrêté au Conſeil Royal le 18. Septembre 1664. *Paris*, 1681. *in-octavo.*

653 Tarif général des Droits de ſorties & entrées du Royaume & des Provinces, &c. avec l'Edit du Roi, portant converſion & diminution de pluſieurs Droits de ſorties & entrées ſur les denrées & marchandiſes, &c. *Paris*, 1681. *in-quarto.*

654 Traité des Péages, par M. Mathieu de Vauzelles, avec les Lettres d'Edits du Roi, & Commiſſion au Parlement de Dombes, ſéant à Lyon, ſur la réformation des Péages, plus l'Arrêt de la Souveraine Cour de Paris, donné au mois de Juin 1549. & la Bulle contenant pleine remiſſion aux bien-faiteurs de l'Hôtel-Dieu de Lyon, *Lyon*, 1550. *in quarto.*

655 Liſte des Droits appellés des quatre membres de Flandres, faiſant partie des Domaines du Roi, qui ſe levent en Flandres, tirées des Ordonnances renduës ſur ce ſujet, *Lille*, 1692. *in-douze.*

656 Recuëil des Edits & Ordonnances du Roi, concernant les Domaines & Droits de la Couronne, avec les Commentaires de Loüis Charondas le Caron, *Paris*, 1690. *in-quarto.*

657 —————— *Idem*, *in-quarto.*

658 Ordonnances de Loüis XIV. pour ſervir

de Reglemens fur plufieurs Droits de fes
Fermes, & fur tous en général, *Paris*, 1681.
in-quarto.

659 Commentaire, ou Avertiffement fur l'Edit
d'Henry III. Roi de France, par Duret,
Lyon, 1602. *in-octavo.*

660 Formules d'Actes & de Procedures pour l'exécution de l'Ordonnance de 1667. *Paris*, 1668.
in-quarto.

661 Recuëil d'Arrêts pour les Marchands fré-
quentans la riviere de Loire, &c. *Orleans*,
1639. *in-octavo.*

7 . . 4 662 Recuëil des Défenfes de M. Fouquet, *Hollande*, 1665. 15. *vol. in-douze.*

19 . . 19 663 Recuëil de Factums, 3. *vol. in-fol.*

664 Factum, pour Dame Marie de Roquetun-
la Cour, veuve de M. Pierre Thibault, contre
Jacqueline Maillard, avec une addition au
Factum, contenant le Traité de la preuve par
comparaifon d'Ecriture, &c. *Paris*, 1673. *in-
quarto.*

665 Factum pour Pierre Baudoüin, contre Jean
de Montreüil, & autres, par Jacques Cholet,
Paris, 1660. *in-quarto.*

666 Mémoires fervants à juftifier le Jugement
rendu le dix-feptiéme jour du mois d'Octobre
1672. au profit du Duc de Longueville, contre
la Ducheffe de Nemours, *Paris*, 1673. *in-
quarto.*

3 . .

667 Leges Atticæ, per Samuëlem Petitum,
Paris, 1635. *in-fol.*

668 Hennengius Arinoffeus, de Jure Majefta-
tis, *Argentorati*, 1635. *in-quarto.*

669 Petri Gudelini Commentarii, de jure no-
viffimo, *Aunhenici*, 1661 *in-quarto.*

670. Joann.

670 Joannis Zangerii Tractatus duo, unus de Exceptionibus, alter de Quæstionibus, seu de Torturis reorum, *Amstelodami*, 1643. *in-quarto*.

671 Nicolai Valla, de rebus dubiis, & quæstionibus in Jure controversiis, Tractatus, *Parisiis*, 1567. *in-quarto*.

672 Guielmi Forneri, in titulo, de Verborum significatione Commentarii, *Aurelianensis*, 1584. *in-quarto*.

673 Rhuilhemi Ludruell Tractatus, de ultimis volontatibus, *Alt-dorphii*, 1659. *in-quarto*.

674 Joannes Bertrandus, de Jurisperitis, *Tolosæ*, 1617. *in-quarto*.

675 Flaminii Chartarii Tractatus, de Executione Sententiæ contumarialis, *Venetiis*, 1593. *in-quarto*.

676 Joann. Baptistæ Caccialupi, Petri Lorioti, & Francisci Curtii, Commentarii de Transactionibus, *Francoforti*, 1586. *in-quarto*.

677 Vincentius Lupanus, de Magistratibus, & Præfecturis Francorum, *Paris*, 1553. *in-quarto*.

678 Jacobi Gothofredi fontes quatuor Juris Civilis, scilicet, Leges duodecim tabularum, Leges Juliæ, & Papiæ; Edicti perpetui Fragmenta cum Sabinianorum librorum ordine, *Genevæ* 1653. *in-quarto*.

679 Danielis Sauterii Mastix fallitorum, id est, varium Jus apud varios Populos de debitorum seu fallitorum pœnis, *Lugduni-Batavorum*, 1619. *in-quarto*.

680 Antonii de Matthacis, prorogationis Fori & competentiæ præventionis, & juris revocandi domum reconventionis, & reorum transmis-

fionis Tractatus , *Romæ* , 1547.

———— Ejufdem Tractatus praticabilis Editionis de libris rationum inftrumentis, Actis judicariis & eorum fide, *Romæ*. 1543. *Item*, Paridis de Puteo, Tractatus de reaffumptione inftrumentorum, *Venetiis*, 1572. *Item*, Ludovici Lanaæ, de teftamentorum formulis Enchiridion, *Venetiis*, 1574. *in-quarto.*

681 Francifci Raguelli Commentarius ad Conftitutiones & Decifiones Juftiniani Codicis, *Parif.* 1610. *in-quarto.*

682 Petrus Sarpus, de Jure afylorum, *Lugduni-Batavorum*, 1623. *in-quarto.*

683 Petri Fabri Commentaria, ad titulos, de diverfis regulis Juris antiqui, *Lugd.* 1602. *in-quarto.*

684 Chriftinæi Decifiones practicarum quæftionum, rerumque in fupremis Belgarum Curiis actarum & obfervatarum, in fex volumina diftributa, *Antuerpiæ*, 1671. 3. *vol. in-fol.*

———— *Idem*, in Leges municipalis Civitatis ac Provinciæ Mechlienfis, *Antuerpiæ*, 1671. *in-folio.*

685 Joannis Petri de Ferrarius aurea rerum quotidianarum, quæ ad ufum forenfem pertinent, cum annotationibus Francifci Curtii, Landriani, Mafueri, &c. *Geneva*, 1626.

———— *Idem*, cum additionibus D. Francifci de Curcé, *Lugd.* 1527. *in-quarto.*

686 Joannis Jacobi Spidelii Svlloge quæftionum juridicatarum & politicarum, fecundum alphabeti & materiarum feriem difpoficarum, *Tubingoræ*, 1629. *in-quarto.*

687 Dominicus Aramacus, de Comitiis Romano-Germanici Imperii, *Genoæ*, 1630.

———— *Item*, Benedicti Carpzonii, de Capitu-
latione Cæfarea, five de Sede Regia Germa-
norum Tractatus Bigurgicorum, *Metropoli*,
1623. *in quarto.*

688 Joannis Sichardi Opera, per Francifcum
Modium, *Francofurti*, 1586. *in-fol.*

689 Matthæi Wefembecii Commentarius Juris,
Bafilea, 1579. *in-quarto.*

690 Decifiones Frificæ, feu rerum in fupremâ
Frifiorum Curia judicatarum libri quinque, Autore & collectore Joanne à Sande, ejufdem
Curiæ Senatore, Editio fecunda, *Leonardia*,
1639. *in-quarto.*

691 Francifci Ferrerii Commentaria ad Con-
ftitutionem Principatus Cathaloniæ primam,
fub titulo, Soluto matrimonio, 1629. *in-
folio.*

692 Sueciæ Regni Jus Martinum, Lingua Suetica
confcriptum, à Jo. Hauroé Loccenio, J. C. in
Linguam Latinam tranflatum, *Holmiæ*, 1674.
in-octavo.

693 Joannes Brunnemannus, de Inquifitionis pro-
ceffu, *Wittembergæ*, 1679. *in quarto.*

694 Henricus à Rofentall, de Feudis; *Coloniæ-
Allobrogum*, 1610. *in-folio.*

695 Caroli Calvini, & Succefforum, aliquot
Franciæ Regum Capitula, in diverfis Synodis
ac Placitis generalibus, edita à Jacobo Sirmun-
do, Societatis Jefu, *Parifiis*, 1623. *in-octavo.* 1 · · 16

696 Antonii Anfelmi Tribonianus Belgicus, feu
Differtationes Forenfes, ad Belgarum Principum Edicta, *Bruxellis*, 1663. *in-folio.*

697 Inftitutiones Imperiales Legum humanarum,
en lettres Gothiques, 1520. *in-dix huit.*

698 Antonii de Janua Decifiones Lufitaniæ, 1· · 7

Antuerpiæ, 1650. *in-folio.*

699 Marius Giurba, in Confuetudines Senatûs Meffanenfis, *Amftelodami*, 1651. *in-folio.*

3.. 700 Joannis Herbuti de Fulftin, Statuta Regni Poloniæ, *Dantifci*, 1620. *in-folio.*

701 Jus fuccedendi in Lufitaniæ Regnum, *Parif.* 1641. *in-folio.*

702 Inftituta, & ibidem judicata ac decifa, *Varfoviæ*, 1665. *in-folio.*

703 Fernandus Vofquius, de Succeffionibus & ultimis voluntatibus, *Coloniæ-Allobrogum*, 1612. *in-folio.*

704 Raphaëlis de Turri Tractatus de Cambiis, *Francofurti*, 1645. *in-folio.*

7.. 705 Joannes de Soto Major, de tertiis debitis, Catholicis & Regibus Hifpaniæ, ex fructibus, & rebus omnibus quæ decimantur, *Matriti*, 1634. *in-folio.*

706 Francifcus Salgado, de Regia Protectione, *Lugduni*, 1623. *in-folio.*

1..(707 Polyanthea Langi, *Francofurti*, 1607. *in-folio.*

708 Nicolaus Vigelius, in Digeftorum Libros, *Bafileæ*, 1584. cum notis manufcriptis, 9. *vol. in-folio.*

————— Ejufdem Partitiones Juris Civils, *Bafileæ*, 1584. *in-folio.*

8.. 2 ————— Ejufdem Methodus Juris Civilis, *Francofurti*, 1628. *in-folio.*

————— Ejufdem Methodus Controverfiarum, *Francofurti*, 1528. *in-folio.*

ANTIQUITEZ.

709 THesaurus Græcæ Antiquitatis, à Jacobo Gronovio, *Lugd. Bat.* 1697. 13. *vol. in-folio. cartâ magnâ.*

710 Thesaurus Antiquitatum Romanarum , à Georgio Grævio, 1694. *Lugduni Batavorum,* 12. *vol. in-folio.*

711 Thesaurus Antiquitatum Italiæ, studio Grævii, *Lugduni-Batavorum,* 1704. 6. *vol. in-folio.*

712 Novus Thesaurus Antiquitatum Romanarum, ab Alberto-Henrico de Sallengre, *Hagæ-Comitum,* 1716. 3. *vol. in-folio.*

713 Lexicon Antiquitatum Romanarum , authore Samuele Pitisco, *Leonardiæ,* 1713 2. *vol. in-folio.*

714 Inscriptiones antiquæ Romanæ , studio Grævii, Gruteri , &c. *Amstelodami,* 1707. 4. *vol. in-folio.*

715 Joannes Mabillon , de Re Diplomaticâ. Editio secunda, *Parisiis,* 1709. *in-folio.*

716 Historiæ Augustæ Scriptores sex , cum Notis selectis Isaaci Casaubon , Salmasii , & Joannis Gruteri, cum Indice Cornelii Schrevelii, *Lugduni-Batavorum,* 1661. *in-octavo.*

717 L'Antiquité expliquée par le P. Montfaucon , *Paris,* 1719. 10. *vol. in-folio, reliés en cinq volumes, grand papier, avec figures.*

Supplément de l'Antiquité expliquée par le même P. Montfaucon, 5. *vol. in-folio, reliés en trois, grand papier, avec figures.*

718 Historia Romana à Julio Cæsare ad Constantinum Magnum, per Numismata. Series & Nu-

mifmata Regum Syriæ, Ægypti, Siciliæ & Macedoniæ. Series Confulum Romanorum , cum apologet. de re antiquariâ nummariâ, per Ægidium Lacorri , *Claromonti* , 1671. *in-quarto.*

6 ·· 107 19 — 720 Selecta Numifmata in aëre maximi moduli , è Mufeo D. D. Francifci de Camps , concifis Interpretationibus D. Vaillant, *Parifiis* , 1694. *in-quarto.*

63 ·· 3 721 Veterum Scriptorum & Monumentorum hiftoricorum ampliffima Collectio , ftudio RR. PP. D. Martene & D. Durand, *arifiis*, 1724. *& feq.* 9. *vol. in-folio.*

19 ·· 5 722 — 723 Thefaurus novus Anecdotorum, complectens Regum ac Principum Epiftolas & Diplomata, ftudio RR. PP. D. Martene, & D. Durand, Benedictinorum, *arifiis*, 1717. 5. *vol. in-folio.*

3 ·· 5 724 Joannis Harduini Nummi antiqui Populorum & Urbium , *Parifiis* , 1684. *in-quarto.*

58 ·· 725 Ezechi. Spanhemii Differtationes de præftantiâ & ufu Numifmatum antiquorum , *Londini* , 1706. 2. *vol. in-folio.*

GEOGRAPHIE
ET
VOYAGES.

1 ·· 9 726 MEthode pour apprendre la Géographie , par le Sieur *** *Orleans* , 1719. *in-douze.*

6 ·· 727 Tréfor Chronologique & Hiftorique, par D. Pierre de S. Romualde , *Paris* , 1658. 3. *vol. in-folio.*

728 Michaëlis-Antonii Baudran Geographia, *Pa-*   5..
rifiis, 1682. 2. *vol. in-folio.*

729 Bibliothéque Orientale, par M. d'Herbelot, 30..   5
Paris, 1697. *in-folio.*

730 Cofmographie univerfelle, par Belleforeft,   4.. 15
Paris, 1565. 3. *vol. in-folio.*

731 Sebaftiani Munfteri Cofmographia univerfa-   1..   5
lis, *Bafilea*, 1572. *in-folio. cum figuris.*

732 Cartes Cofmographiques & plans de Villes,   7..
par Antoine Dupinet, *Lyon*, 1564. *in-folio.*

733 Le Monde, avec les Cartes de Sanfon, *Paris*,
1652. 4. *vol. in-quarto.*

734 La Sphere du monde, par l'Abbé de Valle-   1.. 12
mont, *Paris*, 1707. *in-douze.*

735 Géographie hiftorique, univerfelle & particu-   7..
liere, avec un Traité de la préféance du Roi de
France contre celui d'Efpagne, par feu M. de
Refuge, *Troyes*, 1658. *in-octavo.*

736 Géographie univerfelle, par Lacroix, *Lyon*,   4..
1705. 5. *vol. in-douze.*

737 La Géographie univerfelle, par P. du Val,   3.. 12
Paris, 1682. 2. *vol. in-douze.*

738 Cartes du Sieur Sanfon, touchant les Ar-   18..
chevêchés & Evêchés, en 81. Cartes, *in-
folio.*

739 Géographie de du Val, 1. *vol. in-quarto.*   5..

740 La France, depuis fon agrandiffement par
les Conquêtes du Roi, par P. du Val, *Paris*,
1680. *in-douze.*

741 Les acquifitions de la France par la paix, par   2.. 12
P. du Val, *Paris*, 1679. *in-douze.*

742 Defcription de l'Italie, par P. du Val, *Paris*,
1668. *in-douze.*

743 Géographie de Robbe, *Paris*, 1685. 2. *vol.*   4..   7
in-douze.

3..3 744 Histoire du Nouveau Monde, ou Description des Indes Occidentales, par le sieur Jean de Laët, *Leyde*, 1611. *in-folio.*

34..2 745 Atlas François, ou Description générale de la France, *Amsterdam, chez J. Blaev*, 2. *vol. in-folio.* 20tt

96..10 746 Nouveau Théatre d'Italie, *Amsterdam*, 1704. 4. *vol. in-folio.* 50..

72..747 Théatre de Savoye, *la Haye*, 1700. 2. *vol. in-folio.* 30tt

100.. 748 Atlas Anglois, ou Description générale de l'Angleterre, *Londres*, 1515. *in-folio.*

749 Nouveau Théatre de la Grande Bretagne, &c. *Londres*, 1715. 4. *vol. in-folio.* 50..

8..8 750 Les délices des Pays-Bas, *Bruxelles*, 1711. 3. *vol. in-douze, avec figures.* 3..

30.. 751 Voyages de Thevenot, *Paris*, 1696. 2. *vol. in-folio.* 10..

6.. 752 Autres Voyages de Thevenot, *Paris*, 1663. 3. *vol. in-folio.* 6..

3f 753 Voyages de Thevenot au Levant, *Amsterdam*, 5. *vol. in-douze.*

36 754 Voyage au Levant, par Corneille le Brun, *Amsterdam*, 1714. *in-folio.*

4..16 755 Voyage de Dalmatie, de Gréce, & du Levant, par Georges Wheler, *Amsterdam*, 1692. 2. *vol. in-douze, avec figures.*

5..2 756 Voyage de Siam, du P. Tachard, *tome premier, Paris*, 1686. *in-quarto.*

15..12 757 L'Afrique de Marmol, de la traduction de Nicolas Perrot d'Ablancourt, *Paris*, 1667. 3. *vol. in-quarto.*

3..5 758 Histoire de la Laponie, traduite du Latin de Jean Scheffer, *Paris*, 1678. *in-quarto.*

759 Histoire de la Chine, par Martin Martini, *Lyon*, 1667. *in-quarto.*

760 Histoire de la Navigation de Jean-Hugues 2 .. 7
de Linschot, Hollandois, aux Indes Orientales,
Amsterdam, 1619. *in-folio.*

761 Les Voyages de Munster, d'Hollande, d'Os- .. 13
nabrugh, Varandorph, des Pays-Bas, & de Cologne, par Joly, Chanoine de Notre-Dame,
Paris, 1672. *in-douze.*

762 Description historique & géographique de la 17 .. 3
France ancienne & moderne, par l'Abbé de
Longruë, *Paris*, 1719. *in-folio.*

763 Mémoires Historiques & Géographiques du 2 .. 1
Royaume de la Morée, Négrepont, & des
Places maritimes jusqu'à Thessalonique, enri-
chis de Cartes des Pays, & des plans des Places, par P. M. Coronelli, *Amsterdam*, 1686.
in-octavo.

764 Histoire de la Ville de Paris, par les RR. PP. 77 ..
D. Michel Felibien, & D. Lobineau, Bénédictins, *Paris*, 1725. 5. *vol. in-folio, grand
papier.*

765 Les Antiquités de la Ville de Paris, par An- 3 .. 11
dré Duchesne, *Paris*, 1668. 2. *vol. in-douze.*

766 Les Antiquités de Paris, par Jacques du 3 .. 4
Breuil, *aris*, 1608. *in-quarto.*

767 Paris ancien & nouveau, par Lemaire, 4 .. 10
Paris, 3. *vol. in-douze, manque le second tome.*

768 Antiquités de la Ville de Paris, par Sauval, 22 .. 11
Paris, 1724. 3. *vol. in-folio, grand papier.*

769 Recherches curieuses d'Antiquité, par Spon, 8 ..
Lyon, 1683. *in-quarto.*

770 Itinerarium Benjaminis, Latiné redditum,
per Const. Lempereur, *Lugduni-Batavorum*,
5633. *in-trente-deux.*

771 Novus Orbis Regionum ac Insularum Ve-
teribus incognitarum, *Parisiis, apud Galeotum*

I

à *Prato*. 1532. *in-folio.*

772 Histoire des Amazones, par Chaffipol, *Paris*, 2. *vol. in-douze.*

773 Histoire des Avanturiers qui fe font fignalés dans les Indes, par Al. Oexmelin, *Paris*, 1688. 2. *vol. in-douze.*

774 Relation d'un Voyage d'Efpagne, *Paris*, 1664. *in-douze.*

775 Lettere di Dechiaratione delli Duchi di Savoya nella caufa del morchés durfe, contra Ducheri di Nevers & Retelois, *in Taurino*, 1623. *in-folio.*

776 Le Détail de la France, fous Loüis XIV. 1697. *in-douze.*

777 ———— *Idem* 1707. 2. *volumes in-douze.*

778 L'Etat de la France, *Paris* 1694. 2. *volumes in-douze.*

779 L'Etat de la France, *Paris*, 1699. 3. *volumes in-douze.*

HISTOIRE GRECQUE,

ET ROMAINE.

780 DE Regio Perfarum Principatu Libri tres ex adverfariis V. C. B. B. S. P. P. *Parifiis*, 1590. *in-octavo.*

781 — 782 Hiftoire Générale de la Grece, *Paris*, 1669. 2. *vol. in-douze.*

783 Hiftoire d'Herodote, traduite par du Ryer, *Paris*, 1667. 3. *vol. in-douze.*

784 Herodoti Halicarnaffei Hiftoria, cum Interpretatione Latina, ab Henrico Stephano re-

cognita, & Spicilegiis Frederici Sylburgii,
Græc.-Lat. *Genevæ*, 1618. *in-folio.*

785 Diodori Siculi Historia, *Parisiis*, 1531 *in-octavo.*   1 .. 16

786 Histoire de Thucydide, de la Traduction
d'Ablancourt, *Paris*, 1663. *in-folio.*

787 Xenophontis Opera, *Basileæ*, 1534. *in-fol.*   5 ..
788 Xenophontis Opera, Græc.-Lat. *Francofurti*,
1596. *in-folio.* 3 ..

789 Romanæ & Græcæ Antiquitatis Monumen-   2 .. 9
ta, Goltzii, *Antuerpiæ*, 1645. 5. *volumes in-folio.*

790 Philonis Judæi Opera Græc.-Lat. *Lut.* 1640.
in-folio.

791 Histoire des Juifs, par Gilbert Genebrard,   10 .. 3
Paris, 1646. *in-folio.*

792 Histoire des Juifs, par M. Arnaud d'Andilly,   10 .. 5
Paris, 1667. 2. *vol. in-folio.*

793 ———— *Idem* 2. *vol. in-folio.*

794 Les Oeuvres Morales & les Vies de Plutarque, traduites par Amiot, *Paris, chez Pierre
Chevillot*, 1579. & 1604. *in-folio.*

* 794 *bis.* Les Vies de Plutarque, *Paris, chez
Morel*, 1606. *in-folio.*   5 ..

795 Les Oeuvres Morales, & les Vies de Plutarque, traduites par Amiot, *Paris*, 1571. 2.
vol. in-folio.

796 Vies des Hommes Illustres de Plutarque,   50 ..
par M. Dacier, *Paris*, 1721. 8. *vol. in-quarto.*

797 Les Vies des Hommes Illustres de Plutarque, traduites par Tallemant, *Hollande*, 1681.
9. *vol. in-douze.*

798 Les Guerres d'Alexandre, par Arrian, Tra-   1 .. 10
duction d'Ablancourt, *Paris*, 1664. *in-douze.*

799 Historiæ Romanæ Scriptores Latini Minores,

Francofurti, 1588. *in-folio.*

4 .. { 800 Histoire Romaine , par Coeffeteau ; *Paris*, 1663. *in-fol.*

801 Les Commentaires de César, avec les Annotations de Blaise de Vigenere, & les Paralelles de César & de Henri IV. par Antoine de Bandolle , avec ses Maximes politiques , *Paris* , 1609. *in-quarto.*

26 .. 802 Polybii Opera , cum Commentariis Isaaci Casauboni , Græc. Lat. *Parisiis* , 1609. *in-fol.*

3 .. 10 803 Histoire de Polybe, traduite par P. Duryer, *Paris* , 1669. 3. *vol. in-douze.*

1 .. 10 804 ———————— Du même , les Tomes 2. & 3. *in-douze.*

49 .. 805 Histoire de Polybe , traduite par Dom Vincent Thuilier , Bénédictin , commentée par Folard , *Paris* , 1727. 6. *vol. in-quarto.*

HISTOIRE ETRANGERE.

6 .. 1 806 Histoire du Monde, par Chevreau, *Paris*, 1686. 2. *vol. in-quarto.* 2 ..

1 .. 5 807 Introduction à l'Histoire générale , par Rocoles , *Paris* , 1664. 2. *vol. in-douze.* 1 ..

14 .. 808 Histoire des Turcs , par Chalcondile , traduite par Blaise Vigenere, avec la continuation, *Paris* , 1662. 2. *vol. in-fol. grand papier.* 5 ..

8 .. 11 809 Histoire de l'Empire Ottoman , par Ricaut, traduite par M. Briot , *Paris* , 1670. *in-quarto.* avec figures. 3 ..

810 Histoire Mahométane , ou les 49. Califes du Macine , par M. Pierre Vallier , *Paris* , 1657. *in-quarto.*

(69)

811 Athenes ancienne & nouvelle , & l'état pré- 2 .. 5
fent de l'Empire des Turcs , par de la Guille-
tiere, *Paris*, 1675. *in-douze.*

812 Hiftoire de l'Empire , par Heiff. *La Haye*, 3 .. 8
1694. 2. *vol. in-douze.*

813 Hiftoire des Empereurs , & des autres Princes 20 -- 10
qui ont regné durant les fix premiers fiécles de
l'Eglife , par M. le Nain de Tillemont , *Bru-*
xelles , 1692. 8. *vol. in-douze.* 10 ··

814 Guidonis Panciroli Notitia Dignitatum utriufque Imperii, Orientis & Occidentis, *Geneva* ,
1623. *in-folio.*

815 Hiftoire d'Allemagne, par de Prade , *Paris* ;
1677. *in-quarto, grand papier.*

816 Gothorum Sueonumque Hiftoria , authore
Joan. Magno Gotho, *Roma*, 1554. 2 ··   4 .. 1

817 ——— Idem Saxonis Grammatici Saxorum
Hiftoria , *Parifiis* , 1514. *in-quarto.*

818 Theatro univerfale di Principi Deglioni ,
Venetiis, 1606. *in-quarto. vol.* fecond.

819 Ludovicus de Molina , de Hifpanorum pri- 1 .. 18
mogeniorum origine, *Colonia*, 1601. *in-fol.* 1 ··

820 Hiftoire de Charles - Guftave, Roi de Suéde, 19 .. 19
par Puffendorf , *Nuremberg* , 1697. 2. *vol. in-*
folio. 15 ··

821 Hiftoire des Révolutions de Suéde, par l'Abbé 3 .. 15
de Vertot, *Paris*, 1696. 2. *vol. in-douze.* 1 .. 10

822 Baptiftæ Burgi de Bello Suecico Commenta- .. 14
ria , *Leodii* , 1643. *in-douze.* 5 ··

823 Hiftoire des Troubles de Hongrie , avec le 5 ··
fiége de Neuheufel, contenant l'hiftoire de l'état
préfent dudit Royaume , *Amfterdam* , 1686.
4. *vol. in-douze.* 2 ··

824 Les Anecdotes de Florence , ou l'hiftoire fe- 3 .. 4
crete de la Maifon de Medicis , par Varillas,

la Haye , 1687. *in-douze*.

825 Hiftoire d'Angleterre, par Larrey, *Roterdam*, 1707. 4. vol. *in folio*.

3 . . 826 Hiftoire d'Angleterre, d'Ecoffe & d'Irlande, par André Duchefne, *Paris*, 1614. *in-folio*.

827 ——— *Idem*, *Paris*, 1614. *in-folio*.

1 . . 7 828 Hiftoire du Droit héréditaire de la Couronne de la Grande Bretagne , écrite en faveur du Prince de Galles, traduit de l'Anglois, *la Haye*, 1714. *in-octavo*.

1 . . 13 829 Vie de Guillaume Bedell , Evêque de Kilmore en Irlande, *Amfterdam* , 1687. *in-douze*.

830 La Ville & la République de Venife , par M. D. S. D. *Paris* , 1680. *in-douze*.

831 Examen de la liberté originaire de Venife , *Ratisbonne* , 1677. *in-douze*.

832 ——— *Idem*, 1677.

4 . . 13 833 Hiftoire du Gouvernement de Venife , par M. Amelot de la Houffaye , *Paris* , 1676. *in-octavo*.

834 Supplément à l'hiftoire du Gouvernement de Venife , par Amelot de la Houffaye , *Paris* , 1677. *in-octavo*.

835 Delle Cofe notabili de la Citta di Veneria , *in Venetia*, 1602. *in-octavo*.

2 . . 1 836 Hiftoria Veneriana di Paolo Paruta , *in Venetia* , 1605. *in-quarto*.

1 . . 10 837 Hiftoire générale d'Efpagne , par Turquet, *Lyon* , 1587. *in fol*.

838 Annales des Provinces-Unies , par Bafnage , *la Haye* , 1719. *in-fol*.

11 . . 12 839 Hiftoire métallique de la République de Hollande , par Bizot , *Paris* , 1687. *in fol*.

6 . . 4 840 La Vie de Ruyter , Amiral de Hollande , *Amfterdam* , 1698. *in-fol*.

841 Chronicon Lingonense, ex probationibus Decadis historicæ contextum , authore P. Jacobo Vignerio , Societatis Jesu , *Lingonis*, 1665. *in-douze.*

HISTOIRE DE FRANCE.

842 TRaité des Droits & Libertés de l'Eglise 44 . . Gallicane , 1731. 4. *vol. in-fol.*

843 Preuves des Libertés de l'Eglise Gallicane , 6 . . 2 1639. 2. *vol. in-fol.*

844 Capitularia Regum Francorum. S. Marculfi Monachi , & aliorum formulæ veteres , cum Notis doctissimorum Virorum , per Stephanum Balusium, *Parisiis*, 1677. 2. *volumes in-folio.*

845 Franciscus Belcarius , de Rebus Gallicis , ab anno 1561. ad annum 1580. *Lugduni, in-fol.*

846 Pauli Jovii Historia sui temporis , *Lutetiæ-Parisiorum* , 1558. *in-fol.*

847 Histoire de M. de Thou , traduite par Du- 7 . . ryer , *Paris* , 1659. 3. *vol. in-folio.*

848 Histoire universelle du Sieur d'Aubigné , de- 4 . . puis 1550. jusqu'à 1570. *Maillé* , 1616. *in-fol.*

849 Recüeil des Portraits des Rois de France, depuis Pharamond jusqu'au Roi Louis XIV. *Paris* , 4 . . *in-quarto.*

850 Histoire de France , par Dupleix , *Paris* , 1660. 5. *vol. in-folio.*

851 Mémoires des Gaules , par Scipion Dupleix , *Paris* , 1619. *in-quarto.*

852 Histoire de France, avec la Vie des Reines ,70 . . 4 par Mezeray , *Paris* , 1643. 3. *vol. in-folio.*

13.. 853 Abrégé Chronologique de l'Histoire de France, par Mezeray, *Paris, Billaine,* 1676. 8. *vol. in-douze.*

33.. 854 Abrégé Chronologique de l'Histoire de France, par Mezeray, *Paris,* 1668. 3. *vol. in-quarto.*

12.. 15 855 Histoire de France, par le Gendre, *Paris,* 1718. 3. *vol. in-folio.*

35.. 856 Histoire de France, par le P. Daniel, *Paris,* 1713. 3. *vol. in-folio.*

2.. 11 857 Histoire de la véritable origine de la troisiéme Race des Rois de France, composée par M. le Duc d'Epernon, & publiée par de Prade, *Paris,* 1680. *in-douze.*

2.. 1 858 Histoire de S. Louis, *Bruxelles,* 1688. 2. *vol. in-douze.*

1.. 6 859 La Minorité de S. Louis, avec l'histoire de Louis XI. & de Henri II. par Varillas, *la Haye,* 1687. *in-douze.*

860 Histoire de Louis XI. par Mathieu, *Paris,* 1610. *in-fol.*

1.. 10 861 Addition à l'Histoire de Louis XI. contenant plusieurs recherches curieuses sur diverses matieres, par Gabriel Naudé, *Paris,* 1630. *in-octavo.*

862 Lettres du Roi Louis XII. & du Cardinal George d'Amboise, *Bruxelles,* 1712. 4. *vol. in-douze.*

5.. 863 Histoire de Charles VI. par le Laboureur, *Paris,* 1663. 2. *vol. in-folio.*

864 Histoire de Charles VI. par Denis Godefroy, *de l'Imprimerie Royale,* 1653. *in-fol.*

865 Histoire de Charles VII. par Denis Godefroy, *Paris, de l'Imprimerie Royale,* 1661. *in-fol.*

38.. 866 Histoire de Charles VIII. Roi de France,

par

par Denis Godefroy , *de l'Imprimerie Royale* ?
1684. *in-folio.*

867 Hiftoire des Connétables, Chanceliers, Ma- 7 . . 6
réchaux de France , Amiraux, Grands - Maîtres
de la Maifon du Roi , Prévôts de Paris , &c.
par Denis Godefroy , *de l'Imprimerie Royale* ,
1658. *in-folio.*

868 Hiftoire de l'Empire de Conftantinople fous 25 . . 10
les Empereurs François, par Godefroi de Vil-
hardoüin , *de l'Imprimerie Royale* , 1657. *in-
folio.*

869 Hiftoire du Differend d'entre le Pape Boni- 9 . . 1
face VIII. & Philippe le Bel , Roi de France ,
Paris , 1655. *in-folio.*

870 Hiftoire des Démêlés du Pape Boniface VIII.
avec Philippe le Bel , Roi de France , par Adrien
Baillet, *Paris* , 1718. *in-douze.*

871 Mémoires de Philippe de Commines , *Bru-* 6 . . 1
xelles , 1706. 4. *vol. in-octavo.*

872 Litteræ Ludovici Borbonii , Principis Con- 1 . . 8
dæi , &c. ad Carolum IX. Galliæ Regem.
— *Idem* , Epitaphes de Louis de Bourbon ,
Prince de Condé , &c.
— *Idem* , Remontrance au Roi par le Prince
de Condé , enfemble le récit du meurtre dudit
Prince, *Paris* , 1569. *in-octavo.*

873 Hiftoire de Henri I V. par M. de Perefix , 1 . . 10
Evêque de Rodés, *Paris* , 1662. *in-quarto.*

874 Satyre Menippée , *Ratisbonne* , 1709. 3. *vol.* 8 . . 13
in-octavo.

875 Satyre Menippée , *Ratisbonne* , 1699. *in-* 2 . . 9
douze.

876 Mémoires de Sully , fous Henri le Grand ,
Amfterdam , 3. *vol. in-fol.*

877 Hiftoire des Guerres Civiles de France fous 7 . . 10

E

les Régnes de François II. Charles IX. Henri
III. & Henri IV. écrite en Italien par Davilla,
& mise en François par Jean Baudouin, *Paris*,
1647. 2. *vol. in-fol.*

3878 Hiſtoire de Loüis XIII. par le Vaſſor,
Amſterdam, 1712. 17. *vol. in-douze.*

879 Hiſtoire de Loüis XIV. par Larrey, *Amſterdam*, 1718. 3. *vol. in-quarto.*

880 Hiſtoire de Loüis XIV. par Médailles, par
le P. Meneſtrier, *Paris*, 1689. *in-folio.*

881 Médailles de Loüis le Grand, *Paris*, de
l'Imprimerie Royalle, 1723. *in-folio.*

882 Le Sacre de Loüis XV. Roi de France, 1722.
en grand papier, *in-folio.*

883 Hiſtoire du Cardinal de Richelieu, *Paris*,
1649. *in-folio.*

884 Mémoires de la Reine Marguerite, *in-
octavo.*

885 La France Métallique, par Jacques de Bie,
Paris, 1634. *in-folio.*

886 Les Tombeaux des Perſonnes Illuſtres, avec
leurs Eloges, Généalogies, Armes, & Deviſes,
par Jean le Laboureur, *Paris*, 1679. *in folio.*

887 Hiſtoire des Hommes Illuſtres François,
par M. de la Colombiere, *Paris*, 1667. *in-
douze.*

888 Les Portraits des Hommes Illuſtres, qui
ſont peints dans la Gallerie du Palais Royal,
par de la Colombiere, *Paris*, 1650. *en grand
papier*, *in-folio.*

889 Traité touchant les Droits du Roi ſur pluſieurs Etats & Seigneuries poſſedés par pluſieurs Princes voiſins, par Dupuy, *Roüen*, 1670,
in-fol.

890 Hiſtoire Généalogique de la Maiſon Royale

de Courtenay, par Dubouchet, *Paris*, 1661.
in-fol.

891 Mémoire de Nevers, sous Charles IX
Henri III. & Henri IV. *Paris*, 1665. 2. vol.
in-fol.

892 Mémoires de Castelneau, augmentés par
le Laboureur, *Paris*, 1659. 2. vol. in-fol.

893 Histoire de la Maison de Chastillon - sur-
Marne, par André Duchesne, *Paris*, 1621.
in-fol.

894 Histoire de la Maison d'Auvergne, par Ba-
luze, *Paris*, 1708. 2. vol. in-fol.

895 Histoire généalogique de la Maison de Har-
court, par la Roque, *Paris*, 1661. 4. vol. in-
folio.

896 Mémoires de Du Tillet, *Paris*, 1580. in-
folio.

897 Recuëil de diverses piéces, pour servir à
l'histoire de France, depuis l'année 1626. jusques à 1634. *Paris*, 1635. in-fol.

898 Histoire Généalogique de la Maison de
France, par Scevole & Loüis de Sainte-Marthe,
troisiéme Edition, *Paris*, 1647. 2. vol. in-folio.
en grand papier.

899 Généalogies historiques des plus illustres
Maisons de France, & de l'Europe, &c. par
le P. Anselme, *Paris*, chez Leonard, 1668.
in-quarto.

900 Histoire de la Maison Royale de France, &
des grands Officiers de la Couronne, par le
P. Anselme, avec le progrès des Familles, &
le Catalogue des Chevaliers du Saint Esprit,
Paris, 1674. 2. vol. in-quarto.

901 Histoire généalogique & Chronologique de
la Maison Royale de France, des Grands

Officiers de la Couronne, & de la Maison du Roi, par le P. Anselme, continuée par Dufourny, revûë, corrigée, & augmentée par les soins du P. Ange Simplicien, Augustin Déchauffé, *Paris*, 1726. 9. *vol. in-folio.*

2 . . 902 Histoire des Ministres d'Etat, sous les Rois de France, de la troisiéme race, par Autevil, *Paris*, 1642. *en grand papier, in-fol.*

20 . . 903 Histoire Chronologique de la Chancellerie de France, par Abraham Teffereau, *Paris*, tome premier 1676. & tome second 1706. *in-folio.*

3 . . 904 Histoire des Chanceliers & Gardes des Sceaux de France, par François Duchefne, *Paris*, 1680. *in-fol.*

12 . . 16 905 Œuvres de Girard sur les Parlemens, & Officiers d'iceux, des Chanceliers, & Gardes des Sceaux, par Joly, *Paris*, 1647. 2. *vol. in-fol.*

906 Les Eloges de tous les Premiers Présidens du Parlement de Paris, avec leurs Généalogies, Armes, & Blazon, par Jean Bat de Lhermite Souliers, & François Blanchard, *Paris*, 1645. *in-folio.*

21 . . 2

907 Les Généalogies des Maîtres des Requêtes Ordinaires de l'Hôtel du Roi, *Paris*, 1670. *in-fol.*

50 . . 15 908 Histoire Généalogique de la Maison de Savoye, par Guichenon, *Lyon*, 1660. 2. *vol. in-folio.*

12 . . 1 909 Mémoires de M. Brantome, contenant les Vies des Hommes Illustres, des Capitaines étrangers, & des Dames Galantes, *Leyde*, 1666. 8. *vol. in-douze.*

4 . . 3 910 Mémoires du Duc de Guise, *Cologne*, 1668. 2. *vol. in-douze.*

911 Mémoires de Montrésor, *Hollande*, 1664. 4..
   2. *vol. in-douze.*

912 Mémoires de M. de Lyonne, au Roi, 2.. 3
   1672. *in-douze.*

913 Histoire de Pierre d'Aubusson, Grand Maî- 1.. 10
   tre de Rhodes, *Paris*, 1677. *in-douze.*

914 Mémoires de la Rochefoucault, *Cologne*, 3..
   1677. *in-douze.*

915 Mémoires du Marquis de Beauveau, pour 1.. 15
   servir à l'histoire de Charles I V. Duc de Lorraine & de Bar, *Cologne*, 1690. *in-douze.*

916 Mémoires de Madame la Connêtable Co- 2..
   lonne, *Cologne*, 1676. *in-douze.*

917 Mémoires de Philippes de Mornay, *Paris*,
   1626. 2. *vol. in-quarto.*   9..

918 Vie de Philippes de Mornay, *Leyde*, 1647.
   in-quarto.

919 Reginæ Christianissimæ Jura in Ducatum 1.. 6
   Brabantiæ, & alios Hispaniæ Principatus,
   Parif. è Typographiâ Regiâ, 1667. *carta magna,*
   in-quarto.

920 Les Oeuvres d'Etienne Pasquier, dernicre 21.. 16
   Edition, *Amsterdam*, 1723. 2. *vol. in-fol.*

921 Traité concernant l'Histoire de France, fça-
   voir la condamnation des Templiers, avec
   quelques Actes, l'histoire du Schisme, le Siége
   en Avignon, & quelques procés criminels,
   par M. Dupuy, *Paris*, 1654. *in-quarto.*

922 Ambassades du Maréchal de Bassompierre, 4.. 16
   Cologne, 1658. 2. *vol. in-douze.*

923 Mélanges historiques de N. Camusai,
   ou Recuëil de plusieurs Actes, Traités, Lettres,
   & autres mémoires qui peuvent servir en la
   déduction de l'Histoire, depuis 1690. jusqu'en
   1680. *Troyes*, 1619. *in-octavo.*

924 Chronologie septenaire de l'Histoire de la Paix entre les Rois de France & d'Espagne, divisée en sept livres, *Paris*, 1605. *in-octavo*.

925 Abregé de l'Histoire de ce siécle de fer, par L. N. de Parival, *Bruxelles*, 1666. 3. *vol. in-octavo*.

926 Relations des Armées Navales de France, & d'Angleterre, & celle de Hollande, pendant les années 1672. & 1673. *Paris*, 1674. *in-douze*.

927 Journal des Armées du Roi en Flandre, & de celle des Alliés, depuis l'année 1690. jusques à présent, par Vaultier, *Paris*, 1695. *in-douze*.

928 Histoires admirables & mémorables de notre tems, recueillies par Simon Goulart Senlisien, *Géneve*, 1620. *in-octavo*.

929 Les Conquêtes & Trophées des Normans François aux Royaumes de Naples & de Sicile, par Gabriël du Moulin, *Roüen*, 1658. *in-folio*.

930 Dénombrement du Royaume par Généralités, Elections, Paroisses, & Feux, par M. ***** *Paris*, 1709. *in-douze*.

931 Catalogue général des Gentils-hommes de la Province de Languedoc, par H. de Caux, *Pezenas*, 1676. *in-folio*.

932 Histoire du Languedoc, avec l'Etat des Provinces voisines, par Pierre Andocque, *Beziers*, 1648. *in-folio*.

933 Mémoires de l'Histoire du Languedoc, par Guillaume Catel, *Toulouse*, 1633. *in-folio*.

934 Annales de la Ville de Toulouse, 2. *vol. in-fol.* 1687. & 1701.

935 Histoire générale de Normandie, par Ga-

briël du Moulin , *Roüen* , 1631. *in-folio.*

936 Mémoires de la Franche-Comté de Bour-   5 .. 6
gogne , par Loüis Golut , *Dolle* , 1592. *in-fol.*

637 Recuëil de plufieurs piéces curieufes , fer-   6 ..
vant à l'Hiftoire de Bourgogne , par Perard ,
Paris , 1664. *in-fol.*

938 Les Annales de Bourgogne , par Guillaume   2 .. 19
Paradin , *Lyon* , 1566. *in-fol.*

939 Heulteri Delfii , rerum Burgundicarum Hif-   .. 19
toriæ , *Hagæ-Comitis* , 1639. *in-octavo.*

940 Hiftoire de Navarre , par André Favyn ,   3 .. 1
Paris , 1612. *in-fol.*

941 Les Annales d'Aquitaine , *Poitiers* , 1557.   2 .. 15
in-fol.

942 Théatre des Antiquités de Paris , par du   4 .. 1
Breüil , *Paris* , 1612. *in-quarto.*

943 Rerum Aquitanicarum libri quinque , in   3 ..
quibus vetus Aquitania illuftratur , autore Al-
teferra , *Tolofæ* , 1648. *in-quarto.*

944 Relation hiftorique des Nouvelles du Mon-   1 .. 3
de , depuis l'année 1632. jufques à la prife de
Nancy par le Roi , *Roüen* , 1634. *in-octavo.*

945 Recuëil hiftorique contenant diverfes piéces   1 .. 11
curieufes de ce tems , *Cologne* , 1666. *in-douze.*

946 Recuëil de diverfes piéces , pour fervir à   2 .. 11
l'Hiftoire , contenant Réponfe aux Mémoires
de M. de la Chaftre. Conjuration de la Donna
Hyppolite d'Arragon , Baronne d'Alby , fur la
ville de Barcelonne , & autres , *Cologne* , 1664.
in-douze.

947 Les Châtelains de Lille , leur ancien Etat ,   1 .. 19
Office , & Famille , enfemble l'Etat des anciens
Comtes de la Republique , & Empire Ro-
main , des Goths , Lombards , Bourguignons ,
François , & au regne d'iceux , des Foreftiers , &

Comtes anciens de Flandre, par Vander-haer, *Lille*, 1611. *in-quarto.*

24..6 948 Mercure de France, *en* 164. *volumes in-douze.*

BELLES-LETTRES,

ET

ORATEURS.

949 AUctores Latinæ Linguæ in unum redacti corpus. Notæ Dionisii Gothofredi J. C. ad Varronem, Festum, & Nonium. Variæ lectiones in Fulgentium & Isidorum. Index generalis in omnes superiores Authores, *apud Guillelmum Lacmarium*, 1595. *in-quarto.*

2..1 950 Francisci Masclef Grammatica Hebraïca, *Parisiis*, 1731. 2. *vol. in-douze.*

125.. 951 Glossarium mediæ & infimæ Latinitatis Domini du Cange, operâ & studio Benedictinorum, *Parisiis*, 1733. 6. *vol. in-folio, carta magna.*

3..5 952 Dictionarium Latino-Gallicum Caroli Stephani, *Parisiis*, 1552. *in-folio.*

73.. 953 Hoffmanni Lexicon universale, *Lugduni-Batavorum*, 1698. 4. *vol. in-folio.*

10.. 954 Ambrosii Calepini Dictionarium octo linguar. Editio novissima, per Laurentium Chifflet, *Lugduni*, 1681. 2. *vol. in-folio.*

1..10 955 Gerardi-Joannis Vossii Etimologicon Linguæ Latinæ, *Lugduni*, 1664. *in-folio.*

96..15 956 Dictionnaire universel François-Latin, *Tre-*

voux , 1721. 5. vol. *in-folio.*

957 Dictionnaire Univerſel , Géographique , & Hiſtorique, par Corneille, *Paris* , 1708. 3. vol. *in-folio.*

958 Dictionnaire Italien & François , par Duez , *Leyde , chez Elzevir ,* 1660. *in-octavo.*

959 Grammaire Françoiſe , par Chifflet , *Paris ,* 1677. *in-douze.*

960 Le Guidon de la Langue Italienne , par Duez, *Roüen ,* 1673. *in-octavo.*

961 Dictionnaire Etymologique de Meſnage , *Paris ,* 1694. *in-folio.*

962 Jugemens des Sçavans ſur les principaux Ouvrages des Auteurs, par Baillet , *Paris ,* 1685. 13. vol. *in-douze.*

963 Anti-Baillet, ou Critique du Livre de Baillet, par Meſnage, *la Haye ,* 1688. 2. vol. *in-douze.*

964 Jugemens des Sçavans ſur les Auteurs qui ont traité de la Rhétorique , par M. Gibert, *Paris ,* 1713. 3. vol. *in-douze.*

965 Remarques ſur la Langue Françoiſe , par le Pere Bouhours, *Paris ,* 1692. 2. vol. *in-douze.*

966 — Idem , *Paris ,* 1675. *in-douze.*

967 Remarques ſur la Langue Françoiſe , par Vaugelas, *Paris ,* 1647. *in-douze.*

968 Obſervations de l'Académie Françoiſe ſur les Remarques de Vaugelas , *Paris ,* 1704. *in-douze.*

969 Défenſe de la Langue Françoiſe , par Charpentier, *Paris ,* 1676. 3. vol. *in-douze.*

970 Doutes ſur la Langue Françoiſe , par un Gentilhomme de Province , *Paris ,* 1674. *in-douze.*

971 Nicolaus Cauſſinus , de Eloquentiâ ſacrâ & humanâ , quarta Editio , *Pariſiis ,* 1636. *in-quarto.*

30 . . 5 972 Bibliothéque de la Croix Dumaine , *Paris ,* 1584. *in-folio.*

21 . . 1 973 Ciceronis Orationes, cum Interpretationibus & Notis Caroli de Merouville, S. J. ad ufum Delphini, *Parifiis*, 1684. 3. *vol. in-quarto.*

974 Ciceronis ad Familiares Epiftolæ, cum Notis & Interpretatione Philiberti Quartier, ad ufum Delphini , *Parifiis* , 1685. *in-quarto.*

91 . . 8 975 Ciceronis Opera , *Lugduni - Batavorum* , ex officinâ *Elzevir*, 1642. 10. *vol. in-douze*, *en maroquin.* 60..

13 . . 976 Oeuvres de Ciceron , traduites en François par Duryer, *Paris*, 1670. 10. *vol. in-douze.*

35 . . 1 977 M. T. Ciceronis Opera omnia , cum Notis Grævii , & aliorum , & Animadverfionibus Ifaaci Verburgii , *Amftelodami* , 1724. 2. *vol. in-folio.*

34 . . 19 978 Ciceronis Opera , ex Petri Victorii Codicibus defcripta , *Parifiis* , *ex officinâ Roberti Stephani* , 1539. 2. *vol. in-folio.* 10..

7 . . 19 979 Les Offices de Ciceron , traduits par M. Dubois, *Paris* , 1692. *in-octavo.*

980 Traités de Ciceron , de la Vieilleffe , & de l'Amitié, avec les Parodoxes, traduits par M. Dubois, *Paris*, 1691. *in-octavo.*

2 . . 9 981 Conciones & Orationes ex Hiftoricis Latinis excerptæ , *ex Officinâ Elzevir*, 1662. *in-douze.*

4 . . 982 Themiftii Orationes, cum Notis D. Petavii , & J. Harduini , Græc. Lat. *è Typographiâ Regiâ* , 1684. *in-folio.*

8 . . 1 983 Panegyrici veteres , cum Interpretatione & Notis Jacobi de la Baune , S. J. ad ufum Delphini , *Parifiis*, 1676. 2. *vol. in-quarto.* 8..

19 . . 10 984 Auli Gellii Noctes Atticæ , cum Interpretatione & Notis Jacobi Prouft , S. J. ad ufum

Delphini, *Parisiis*, 1681. *in-quarto.* 4

985 Valerius Maximus , cum Interpretatione & Notis Petri - Josephi Cantel , S. J. ad usum Delphini, *Parisiis* , *in-quarto.* 5

986 Sulpitii Severi Historia sacra , *Lugduni-Batavorum* , *Elzevir*, 1635. *in-douze.*

987 Plinii Historia naturalis, cum Interpretatione & Notis Joannis Harduini , S. J. ad usum Delphini , *Parisiis* , 1685. 5. *vol. in-quarto.*

988 C. Plinii Secundi Historiæ naturalis Libri 37. *ex Officinâ Elzeviriana* , 1635. 3. *vol. in-douze.* 4

989 L. Annæi Senecæ Opera , cum Notis variorum, *Amstelodami* , 1672. 3. *vol. in-octavo* , manque le premier tome. 8

990 Annæi Senecæ Opera , cum Notis Gronovii , *Lugduni-Batavorum* , *Elzevir*, 1639. 4. *vol. in-douze.* 4

991 Tirus-Livius , cum Interpretatione & Notis Joannis Doujatii , ad usum Delphini , cum supplementis Librorum omnium deperditorum , per Johan. Freinshemium, *Parisiis* , 1679. 5. *vol. in-quarto.* 30

992 Titi - Livii Historiarum Libri , ex recensione Heinsianâ , *Lugduni-Batavorum Elzevir*, 1634. 3. *vol. in-douze.* 16

993 Les Décades de Tite-Live , par du Ryer , *Amsterdam* , 1696. 8. *vol. in-douze.* 6

994 Quintus-Curtius, cum Notis Pitisci, &c. *Hagæ-Comitum* , 1708. 2. *vol. in-octavo.* 5

995 Quintus Curtius, *Amstelodami* , apud Elzev. 1660. *in-douze.* 2

996 Quintus - Curtius, & Supplementa Freinshemii , cum interpretatione & notis Michaëlis le Tellier , S. J. ad usum Delphini, *Parisiis* , 1678. *in-quarto.* 6

5 . . 5 997 Eutropius , cum notis & emendationibu*
Annæ Tanaquilli , Fabri filiæ , ad ufum Delphini , *Parifiis*, 1683. *in-quarto.* 4 . .

8 . . 18 998 Sextius-Aurelius Victor, cum interpretatione
& notis Annæ Tanaquilli, Fabri filiæ, ad ufum
Delphini, *Parifiis*, 1681. *in-quarto.* 4 . .

6 . . 7 999 Julii Cæfaris Commentaria, cum Notis Joannis Georgii Grævii, *Lugduni-Batavorum*, 1713.
2. *vol. in-octavo.*

1 . . 6 1000 Les Oeuvres de Tacite, par d'Ablancourt ,
Paris, 1658. *in-quarto.*

1 . . 2 1001 Cornelii Taciti Annales cum notis Lipfi.
1606. *in-quarto.*

1002 G. Aurelii Symmachi Epiftolæ , curâ &
ftudio Francifci Jureti, *Parifiis*, 1580. *in-quarto.*

. . 14 1003 Lettres de Pline le Jeune, par de Sacy, *Paris*,
1699. *in-douze, tome premier.*

35 . . 1004 Les quinze Livres des Deipnofophiftes d'A-
thenée, traduits par le fieur Abbé de Marolles,
Paris, 1680. *in-quarto.*

25 . . 1 1005 Publii Virgilii Maronis Opera , *Lugduni-
Batavorum, ex Officinâ Elzevirianâ*, 1636. *in-
douze, en maroquin.*

7 . . 1 1006 Publii Virgilii Maronis Opera , cum interpretatione & notis Caroli de la Ruë , S. J. ad
ufum Delphini, fecunda Editio, *Parifiis*, 1682.
in-quarto.

4 . . 1007 Quinti Horatii-Flacci Opera , cum interpretatione, notis & indice Ludovici Defprez , in
ufum Sereniffimi Delphini , *Hagæ-Comitum* ,
1708. *in-octavo.*

20 . . 1008 Quintus Horatius Flaccus, cui accedunt Da-
niëlis Heinfii de Satirâ Horatianâ Libri duo ,
Lugduni-Batavorum, e Officinâ Elzevirianâ ,
1629. *in-douze, en maroquin.*

1009 Publii Ovidii Nasonis Opera, *Lugduni* 12 . . 19
Batavorum*, Elzev. 1629. 3. *vol. in-douze.*

1010 Publii Ovidii Nasonis Opera, cum inter- 46 . .
pretatione & notis Danielis Crispini Helvetii,
ad usum Delphini, *Lugduni*, 1689. 4. *vol.
in-quarto.*

1011 Ovide, traduit par de Marolles, *Paris*,
4. *vol. in-octavo.* avec 1014   13 . . 19

1012 Le Comedies de Plaute, traduites par de
Marolles, *Paris*, 1658. 4. *vol. in-octavo.*

1013 Les Comedies de Plaute, traduites par 14 . . 10
Limiers, *Amsterdam*, 1719. 10. *vol. in-douze.*

1014 Les Tragedies de Seneque, traduites par
Marolles, *Paris*, 1664. 2. *vol. in-octavo.*

1015 Angeli Politiani Illustrium Virorum Epistolæ, 1526. *in-quarto.*   1 . . 16

1016 Ægidii Menagii Poëmata, *Amstelodami*,
Elzevir*, 1648. *in-douze.*

1017 Les Philippiques de Demosthene, avec des 3 . .
Remarques, par M. Tourreil, *Paris*, 1701.
in-quarto.

1018 Parrhasiana, ou Pensées diverses sur des 5 . . 7
matieres de Critique, d'Histoire, de Morale,
& de Politique, par Theodore Parrhase, *Amsterdam*, 1701. 2. *vol. in-douze.*

1019 Apophtegmes des Anciens, & les Strata- 1 . . 12
gemes de Frontin, de la Traduction d'Ablancourt, *Paris*, 1664. *in-quarto.*

1020 Lucien, traduit par Ablancourt, *Paris*, 2 . . 14
1688. 3. *vol. in-douze.*

1021 L'Oedipe & l'Electre de Sophocle, Trage- 1 . . 10
dies Grecques, traduites par M. Dacier, *Paris*,
1692. *in-douze.*

1022 Comparaison de Thucydide & de Tite-Live,
par M. *** *Paris*, 1681. *in-douze.*

2..19 1023 Censura celebriorum Autorum, five Tractatus de clariffimis Scriptoribus, per Thomam
Popeblount, *Genevæ*, 1710. *in-quarto*.

61.. 1024 Oeuvres diverfes de Bayle, *La Haye*, 1727.
4. *vol. in-folio*.

6.. 1 1025 Hiftoire de l'Academie Royale des Scien-
ces, 1699. 1700. 1701. & 1710. *Amfterdam*,
4. *vol. in-douze*.

2..5 1026 Recherches curieufes fur la diverfité des
Langues & Religions, par Ed. Brerevuood,
mifes en François, par J. de la Montagne,
Saumur, 1663. *in-octavo*.

9..5 1027 Recuëil d'Oraifons Funebres, par Meffieurs
Boffuet, Flêchier, Mafcaron, de la Broüe,
Gilbert & Brifacier, *Paris*, 4. *volumes in-
quarto*.

5.. 1028 Sermons du P. de la Ruë, *Bruxelles*, 1706.
4. *vol. in douze*.

13.. 1029 Sermons du P. de la Ruë, *Paris*, 1719.
4. *vol. in-octavo*.

92.. 1030 Sermons du P. Bourdaloüe, *Paris*, 1707.
14. *vol. in-octavo*.

29..19 1031 Sermons de Saint Auguftin fur les Pfeaumes,
Paris, 1683. 7. *vol. in-octavo*.

..17 1032 Panegyrique de M. Verjus, dédié au Cardinal de Retz, *Paris*, 1664. *in-quarto*.

1..17 1033 Traité des plus belles Bibliothéques de
l'Europe, des premiers Livres, de l'invention
de l'Imprimerie, de plufieurs livres perdus, &
recouvrés par les fçavans, avec une méthode
pour dreffer une Bibliothéque, par le fieur
Gallois, *Paris*, 1680. *in-douze*.

1..4 1034. Noviffimam, feu Bibliographica, *Amftelodami*, 1689. *in-douze*.

1035 Lettres choifies de M. Simon, *Rotterdam*,

1702. 3. volumes, *in-douze.*

1036 Oeuvres de Balzac, *Paris*, 1665. 2. vol. 6..
in-folio.

1037 Formolario Velguale, con molta facilita si
da il modo, e l'arte di compor lettere per lo
Magn. M. Franc. Savidino, *in-octavo, in Pa-
doua*, per Lorenzo Pasqueti, 1569.   5

1038 Theodoreti, Cyrensis Episcopi, de cura-
tione græcarum affectionum libri duodecim,
Zenobio Acciaolo Interprete, *Parisiis*, 1519.
in-quarto.

1039 Tableaux de Philostrate, *Paris*, 1615. *in-* 9.. 5
folio, avec figures.

1040 Lettre de Clement Marot, à M. de * * *,   . 16
touchant ce qui s'est passé à l'arrivée de Jean-
Baptiste Lully, aux Champs Elysées, *Cologne*,
1688.

———— *Idem.* Dissertation critique sur la Nouvelle Bibliothéque des Auteurs Ecclésiastiques, touchant quelques principes avancés dans l'histoire
critique du vieux Testament, par Jean Reu-
chelin, *Francfort*, 1688. *in-douze.*

1041 Oeuvres mêlées de l'Abbé de Saint Réal, 1.. 17
Utrecht, 1693. *in-douze.*

1042 Sermons prêchés devant son Altesse Royale 4.. 2
Madame la Duchesse d'Yorck, par le R. P.
Claude la Colombiere, de la Compagnie de
Jesus. *Lyon*, 1689. 5. vol. *in-octavo.*

1043 Sermon prononcé devant la Chambre des   . 6
Communes d'Angleterre, par Gilbert Burnet,
le 31. Janvier 1688. pour la délivrance de ce
Royaume menacé du Papisme, & du pouvoir
despotique, *Amsterdam*, 1689. *in-douze.*

1044 Les Hommes Illustres, par Perrault, *Paris*, 28.. 5
1696. & 1700. 2. vol. *in-folio.*

6.. 1 { 1045 Reflexions fur la Rhetorique, par Gibert, Paris, in-douze.

1046 Parallele des Anciens & des Modernes, par Perrault, Paris, 1692. 4. vol. in-douze.

.. 15 1047 Le Magnanime, ou l'Eloge du Prince de Condé, par Rapin, Paris, 1687. in-douze.

.. 10 { 1048 Du Grand, ou du Sublime dans les mœurs, & dans les differentes conditions des hommes, par Rapin, Paris, 1686. in-douze.

1049 Reflexion fur l'ufage de l'éloquence, Paris, 1679. in-douze.

1050 Entretiens d'Arifte & d'Eugene, par le P. Bouhours, Paris, 1671. in-quarto.

1051 Replique de Girac à M. Coftar, Paris, 1664. in-quarto.

1052 Apologie de Coftar à Ménage, Paris, 1657. in-quarto.

1053 Réponfe de Girac à Coftar, fur la défenfe des Oeuvres de Voiture, Paris, 1655. in-quarto.

4 .. 1 { 1054 Défenfe des Ouvrages de Voiture à Balzac, augmentée de la Differtation latine de M. Girac, Paris, 1664. in-quarto.

1055 Entretiens de Voiture & de Coftar, Paris, 1655. in-quarto.

1056 Oeuvres de Voiture, Paris, 1657. in-douze.

2 .. 10 1057 Oeuvres de Voiture, Paris, 1678. 2. vol. in-douze.

19 .. 5 1058 Recuëil de plufieurs piéces d'Eloquence, & de Poëfie, préfentées à l'Academie Françoife, pour les prix, depuis l'année 1671. jufques à l'année 1725. Paris, 1696. 27. vol. in-douze.

PHILOSOPHIE,

ET

POLITIQUE,

1059 P. Godartii Lexicon Philosophicum, *Parisiis*, 1675. *in-octavo*.

1060 Statuta Universitatis Philosophorum & Medicorum, cognomento, Artistarum Patavini Gymnasii, per Ustachium Patelarum, *Patavi*, 1607.

Christophori Besoldi de Jurisdictione Imperii Romani Discursus, *Francofurti*, 1616.

Ordonnances & Placards des Ducs de Flandres, touchant les Monnoyes, *Anvers*, 1617.

Rusi & Gibbosii, in causâ coronariâ, Lucii Torrii felicitas Litterarum Scholæ & Palestræ, Puteanicæ Encomium, *Lovanii*, 1615. *in-quarto*.

1061 Diogenes Laërtius, de claris Philosophis, Græc. Lat. cum Annotationibus Isaaci Casauboni & Thomæ Aldobrandini, cum Historiâ de Mulieribus Philosophis Ægidii Menagii, ejusdemque & Joachini Kiichnii ad Diogenem notis, *Amstelodami*, 1692. 2. *vol. in-quarto, cum figuris*.

1062 Aristotelis opera Græc. Lat. per Guillelmum 4.. du Val, *Parisiis*, 1619. 2. *vol. in-folio*.

1063 Controverses de Seneque, par le Sieur de Lesfargues, *Paris*, 1656. *in-fol*.

1064 Henrici Cardani Opusculum, *Basilea*, ex Officinâ Henrici Petrinâ, 1564. 2. *vol. in-octavo*.

M

1065 Hieronimi Cardani Practica Arithmeticæ & mensurandi singularis , *Basileæ* , 1539. *in-octavo.*

1066 Hieronimi Cardani contradicentum Medicorum Libri duo, *Parisiis*, 1565. *in-octavo.*

1067 Hieronimi Cardani de utilitate ex adversis capiendâ Libri quatuor, *Basileæ*, 1561. *in-octavo.*

1068 Les Oeuvres d'Hippocrate , traduites en François avec des remarques , par M. Dacier , *Paris* , 1697. 2. *vol. in-douze.*

1069 Les six Livres de la République de J. Bodin , *Lyon* , 1593 *in-octavo.*

1070 Réponse de M. Jean Bodin au Paradoxe de Malestroit , touchant l'encherissement de toutes choses , & le moyen d'y remedier, *Paris* , 1568. *in-octavo.*

1071 Essais de Michel de Montaigne , *Paris* , 1652. *in-folio.*

1072 Réponse à plusieurs injures & railleries écrites contre Michel , Seigneur de Montaigne , dans un Livre intitulé la Logique , ou l'art de penser, *Rouën* , 1667. *in-douze.*

1073 Réflexions sur la Philosophie ancienne & moderne , & sur l'usage qu'on en doit faire pour la Religion, *Paris* , 1676. *in-douze.*

1074 La vie de M. Descartes , *Paris* , 1692. *in-douze.*

1075 Les Passions de l'ame , par René Descartes, *Rouën* , 1651. *in-octavo.*

1076 Lettres de Descartes, *Paris* , 1667. 3. *vol. in-quarto.*

1077 Traité de la Méchanique par Descartes , avec un abrégé de Musique , du même Auteur , mis en François, *Paris* , 1668. *in-quarto.*

1078 Méditations Métaphysiques de René Descartes, *Paris*, 1647. *in-quarto.*

1079 Géométrie de René Defcartes, & fon Traité de la formation du fœtus, avec les Remarques
de Louis de la Forge, *Paris*, 1664. *in-quarto*,
avec figures.   4 - -

1080 Renati Defcartes Principia Philofophiæ,
Londini, 1664. *in-octavo.*

1081 Explication méchanique & phyfique de
Lamy, *Paris*, 1681. *in-douze.*

1082 Recherche de la vérité, par le P. Malle-
branche, quatriéme Edition, *Paris*, 1678. *in-*   4 - - 11
quarto. 3 - -

1083 Géométrie Françoife, par de Beaulieu, - - 15
Paris, 1676. *in-octavo.* 16 - -

1084 Elemens de Mathématiques, ou Traité de 1 - - 6
la grandeur en général, par le R. P. Lamy,
Paris, 1689. *in-douze.* 1 - -

1085 R. P. de Chales Curfus Mathematicus 23 - - 10
Lugduni, 1674. 3. vol. *in folio.* 6 - -

1086 L'Harmonie Célefte, découvrant les diver- - - 17
fes difpofitions de la nature, par Jean-Baptifte
Fayol, *Paris*, 1672. *in octavo.* 5 -

1087 Theatrum univerfale omnium Animalium,
15 - - Ruyfch, *Amftelodami*, 1718. 2. vol. *in-folio.* 47 - - 5

1088 Mangeti Theatrum Anatomicum, *Geneva*, 35 - - 5
1716. 2. vol. *in-fol. grand papier.* 20 - -

1089 Métamorphofes naturelles, ou Hiftoire des
Infectes, par Jean Goedart, *Amfterdam*, 1700. 13 - -
3. vol. *in-douze*, avec les figures en taille-douce,
gravées d'après nature, & leurs propriétés. 6 - -

1090 Eflais Philofophiques fur l'entendement hu- 7 - - 6
main, traduits de l'Anglois de Locke, par
Pierre Cofte, *Amfterdam*, 1700. *in-quarto.* 4 - -

1091 Eflais de Phyfique par Perault, *Paris*, 8 - - 4
1580. 4. vol. *in-douze.* 3 - -

10 — 15 1092 Journal des Observations Physiques , Mathématiques & Botaniques, par le P. Feuillet, Minime, *Paris*, 1714. 2. *vol. in-quarto.*

2 — 10 1093 Conseils pour vivre long-tems, traduits de l'Italien de Louis Cornaro , noble Venitien , par M. D * * * *Paris*, 1701. *in-douze.*

1094 De la sobriété & de ses avantages , ou le vrai moyen de se conserver dans une santé parfaite , jusqu'à l'âge le plus avancé, Traduction nouvelle de Lessius & de Cornaro , avec des Notes , par M. D. L. B. *Paris*, 1701. *in-douze.*

— 13 1095 Tables des Sinus , par François de Schoten, *Rouën*, *in-douze.*

2 — 7 1096 Joannis Pierii de sacris Ægyptiorum Hierogliphiæ, *Lugduni* , 1626. *in-fol.*

1 — 4 1097 Calcul fait de tout toisé de superficie , solide , de bois équarris, avec six méthodes pour les faire, par de Senne, *Paris*, 1699. *in-douze.*

2 — 10 1098 Histoire du Calendrier Romain , qui contient son origine , & les divers changemens qui lui sont arrivés par M. Blondel, *La Haye*, 1684. *in-douze.*

— 16 1099 Comptes faits de M. Bareme, *Paris*, 1700. *in-douze.*

2 — 1 1100 Methode pour bien dresser toutes sortes de comptes à parties doubles, par Claude Irson , *Paris*, 1678. *in-folio.*

1 — 1 1101 Démonstration de l'existence de Dieu, *Paris*, 1713. *in-douze.*

5 — 1 1102 Défense de l'Antiquité des tems , par le P. Dom Paul Pezeron , *Paris*, 1691. *in-quarto.*

1 — 10 1103 Malleus maleficarum ex variis Authoribus concinnatus, & in tres tomos distinctus, *Lugduni* , 1604. 2. *vol. in-octavo.*

1104 Traité de la Dîme Royale, par M. le Maréchal de Vauban, 1707. *in-douze.* ⋅⋅ 16

1105 Instruction pour un jeune Seigneur, par M. de la Chetardie, *Paris*, 1686. *in-douze.* ⋅⋅ 19

1106 Polygamia triumphatrix, id est, Discursus politicus de Polygamiâ, autore Theophilo Aletheo, cum Notis Athanasii Vincentii, *Londini*, 1682. *in-quarto.* 2 ⋅⋅ 11

1107 Apologie pour les grands Hommes soupçonnés de magie, par G. Naudé, *Amsterdam*, 1712. *in-douze.* 2 ⋅⋅ 6

1108 Dialogues des Morts, par Fontenelle, *Paris*, 2. *vol. in-douze.* 1 ⋅⋅ 4

1109 Réponse aux questions d'un Provincial, par M. Bayle, *Rotterdan*, 1704. 2. *vol. in-douze.* 1 ⋅⋅ 16

1110 Méditationes historicæ Philippi Camerarii, J. C. *Francofurti*, 1602. *in-quarto.* ⋅⋅ 17

1111 Jacobi Catzii, J. C. Silenus Alcibiadis, sive Proteus humanæ vitæ, *Amsterodami*, 1619. *in-quarto.* 1 ⋅⋅ 5

1112 Traité du Beau, par Crouzaz, *Amsterdam*, 1715. *in-douze.* 1 ⋅⋅ 9

1113 Le Comte de Gabalis, 1670. *in-douze.* 2 ⋅⋅ 9

1114 Le Chef-d'œuvre d'un inconnu, par Matanasius, *la Haye*, 1714. *in-douze.* 2 ⋅⋅ 15

1115 Traité de la situation du Paradis Terrestre, par M. Huet, *Paris*, 1691. *in-douze.* 6 ⋅⋅

1116 Emblêmes, ou Devises Chrétiennes, *Utrecht*, 1697. *in-douze.* 1 ⋅⋅ 6

1117 Traité de la Police, par la Mare, *Paris*, 1705. 1710. & 1719. 3. *vol. in-folio.* 69 ⋅⋅ 18

1118 Commentaire Philosophique, par M. Bayle, *Rotterdam*, 1713. 2. *vol. in-douze.* 3 ⋅⋅ 16

1119 La morale de Tacite, de la flaterie, par le ⋅⋅ 17

fieur Amelot de la Houffaye , *la Haye* , *in-douze*.

2.. 6   1120 Dialogues politiques de M. le Noble, années 1688. 1689. 1690. & 1691. *Paris* , 5. *vol. in-douze*.

2.. 5   1121 La pratique de l'éducation des Princes, ou Hiftoire de Guillaume de Croy , fieur de Chievres, Gouverneur de Charles Quint , par Varillas, *Paris*, 1684. *in-quarto*.

1122 Recuëil des Mémoires & Conférences préfentées à Monfeigneur le Dauphin, pendant l'année 1672. par J. B. Denis, *Paris*, 1672. *in-quarto*.

.. 12   1123 Le Courtifan défabufé , *Paris* , 1688. *in-douze*.

5.-   1124 La Religion du Medecin , par Thomas Brouun, *Hollande*, 1668. *in-douze*.

3..2   1125 Leges politicæ, ex facræ Scripturæ libris collectæ, Francifco Raguello , & Laurente Bochello , Autoribus, *Parifiis*, 1615. *in-folio*.

1126 Lettres fur les matieres du tems, 1688. *in-quarto*.

1127 Révolutions d'Angleterre, depuis la mort du Protecteur, jufqu'au rétabliffement du Roi, *Paris*, 1670. *in-douze*.

1128 La fource des malheurs d'Angleterre, depuis le regne de Jacques I. jufques à la défertion de Jacques II. *Cologne*, 1689. *in-douze*.

3.-5   1129 L'état préfent de l'Angleterre, traduit de l'Anglois, *Paris*, 1671. *in-douze*.

1130 Replique à la Réponfe du Roi de la Grande Bretagne, par le Cardinal du Peron, *Paris*, 1622. *in-folio*.

.. 10   1131 Hugonis Grotii Annales & Hiftoriæ, de

rebus Belgicis, *Amstelodami*, 1658. *in-octavo.* 1 .. 9

1132 Mémoires de Jean de Wit, *la Haye*, 1709. *in-douze.*

1133 Fecialis Gallus, *Francofurti*, 1689 *in-* .. 15 *douze.*

1134 Histoire de l'origine de la Royauté, & 1 .. 11 du premier établissement de la Grandeur Royale, *Paris*, *in-douze*, *avec figures.*

1135 La vie du Général Monk, Duc d'Albe- 1 .. 5 marle, *Londres*, 1672. *in-douze.*

1136 Recuëil de divers Mémoires, Harangues, 1 .. Remontrances, & Lettres servant à l'Histoire de notre tems, *Paris*, 1623. *in-quarto.*

1137 Bulla Aurea Caroli IV. Romanorum Imperatoris, & de eligendo Romanorum Im- peratore, *Noremberga*, 1657. *in-octavo.* 6 ..

1138 Oeuvres de François de la Mothe le Vayer, *Paris*, 1662. 2. *vol. in-folio.*

1139 Les Sentimens Illustres de quelques grands 1 .. hommes d'Etat, *Paris*, 1692. *in-douze.*

1140 Le Népotisme de Rome, ou Raisons qui 4 .. 1 portent les Papes à aggrandir leurs Neveux, *Hollande*, 1669. *in-douze.*

1141 La Logique, ou l'Art de penser, seconde 1 .. 18 Edition, *Paris*, 1664. *in-douze.*

1142 La Dialectique du sieur de Launay, conte- nant l'Art de raisonner juste, *Paris*, 1673. *in- douze.*

1143 De la Sagesse, par Charron, *Leyde*, *chez* 2 .. 12 *Jean Elzevier*, *in-douze.*

1144 Caractère des Passions, par La Chambre, .. 10 *Paris*, 1662. 2. *vol. in-quarto.*

1145 Les Caractéres de Théophraste, traduits 5 .. 18 par M. de la Bruyere, *Paris*, 1700. 3. *vol. in- douze.*

1146 Pensées Morales de Marc Antonin, *Paris,* 1658. *in-douze.*

1147 Principes de l'Architecture, de la Sculpture, de la Peinture, & des Arts, avec un Dictionnaire des termes propres à chacun de ces Arts, par Jean-François Felibien, seconde Edition, *Paris,* 1690. *in-quarto, avec figures.*

1148 Traité d'Architecture, par Sebastien Leclerc, *Paris,* 1714. 2. *vol. in-quarto.*

1149 La Fortification reguliere & irreguliere en sa perfection, ou la maniere de tracer sur le terrain sans instrument. Discours de l'Artillerie, de la Mine, avec un Traité de Géographie, par C. Goret, Professeur ès Mathematiques, seconde Edition, *Paris,* 1674. *in-octavo.*

1150 La Théorie & la Pratique de la coupe des bois & pierres pour la construction des voutes & autres parties des bâtimens civils & militaires, ou Traité de Stereotomie, à l'usage de l'Architecture, par M. Freziers, *Strasbourg,* 1637. *Tome I. in quarto.*

1151 Entretiens sur les Peintures anciennes & modernes, par Jean-François Felibien, seconde Edition, *Paris,* 1688. *Tome II.*

1152 Vies & Ouvrages des Architectes, par Jean-François Felibien, *Paris,* 1687. *in-quarto.*

1153 Le miraviglie d'elle arte avero le vite de glilluftri pittori Veneti e dello ftato, defcritte dal Cavalier Carlo Ridolfi, *in Venetia,* 1648. *in-quarto.*

1154 Versailles immortalisé, par Monicart, *Paris,* 1720. 2. *vol. in-quarto.*

1155 Recueil des figures, groupes, thermes, fontaines, vases, tels qu'ils font à Versailles, gravés

vés d'après les Originaux, par Simon Thomaf-
fin, Graveur du Roi, *Paris*, 1694. *in-octavo*.

1156 Les arts de l'homme d'épée, ou le Dictionnaire du Gentilhomme, contenant l'art de
monter à cheval, & qui regarde le manege.
On y trouve auffi le détail des maladies des
Chevaux, par le Sieur Guillet, *Paris*, 1678.
3. *vol. in-douze*.

1157 Le parfait Maréchal, par Soleyfel, *Paris*,
1698. *in-quarto*, *avec figures*.

1158 Nouvelle Méthode pour dreffer les Chevaux pour le Manége, *Paris*, 1677. *in-quarto*.

1159 L'exercice de monter à cheval, par M. de
Pluvinel & de Charnezay, *Paris*, 1660. *in-
octavo*.

1160 Statuta Facultatis Medicinæ Parifienfis, *Parifiis*, 1696. *in-douze*.

1161 Statuts de la Faculté de Medecine, enfemble les Jugemens rendus contre les Empi-
riques, par M. Denis Pnylon, *Paris*, 1672.
in-quarto.

1162 Ambrofii Marliani Theatrum Politicum,
Dantifci, 1659. *in-octavo*.

1163 Le Prince de Machiavel, *Amfterdam*
1686. *in-douze*.

1164 Difcours de l'état de la Paix & de la Guer-
re de Nicolas Machiavel, avec un Traité du
même, intitulé, Le Prince illuftre de Maxi-
me Politis, traduit de l'Italien en François,
Paris 1646. *in-quarto*.

1165 Difcours politique de Machiavel fur Tite-
Live, *Amfterdam*, 1691. *in-douze*.

1166 D. D. de Saavedra, de Principe Politico
Chriftiano, *Amftelodami*, 1659. *in-douze*

1167 Nicolai Petræi Enchiridion Politicum,

Argentinæ, 1625. *in-dix-huit.*

5.. 1168 L'Ambassadeur, & ses fonctions, par Wicquefort, *Cologne*, 1690. *in-quarto.* 2. *vol.*

·· 13 1169 Mémoires touchant les Ambassadeurs, par Wicquefort, *La Haye*, 1677. *in-douze.*

4.. 1170 Mémoire & Instruction pour les Ambassadeurs, ou Lettres & Négociations de Walsingham, *Amsterdam*, 1700. *in-quarto.*

2.. 10 1171 Ambassades & Négociations du Cardinal du Peron, *Paris*, 1633. *in-quarto.*

1172 Oeuvres diverses du Cardinal du Perron, *Paris*, 1629. *in-folio.*

1.. 10 1173 Oeuvres diverses du Cardinal du Perron, contenant plusieurs Livres, Conferences, Discours, Harangues, Lettres d'Etat, &c. *Paris*, 1622. *in-folio*

1174 Conradus Brunus, de Legationibus, de Ceremoniis & de Imaginibus, *Moguntiæ*, 1548. *in-folio.*

1.. 1175 Augerii Busbequii Epistolæ, 1620. *in-douze.*

1176 Legatio Marchionis Lavardini Romani, 1688. *in-douze.*

1177 Caroli Cantoclari Excerpta de Legationibus, *Parisiis*, 1609. *in-octavo.*

·· 15 1178 Histoire des Négociations de Nimegue, par le Sieur de Saint Disdier, *Amsterdam*, 1680. *in-douze.*

1179 Actes & Mémoires des Négociations de la Paix de Nimegue, *La Haye*, 1697. *in-douze*, 8. *vol.*

9..2 1180 Mémoires historiques concernant la paix traitée à Vervins, l'an 1598. *Paris*, 1667. 2. *vol. in-douze.*

10.. 1181 Recuëil de Traités de paix, de tréves, de Neutralité, de confederation, d'alliance, &

(99)

de commerce, faits depuis Charles 7. en 1435. jufqu'à la paix de Munfter, en 1684. par les foins de Frederic Léonnard, *Paris*, 1693. 6. *vol. in-quarto.*

1182 Negociations fecrettes, touchant la paix de Munfter, & d'Ofnabruk, *la Haye*, 1724. 4. *vol. in-folio.*

1183 Divers Traités de paix de Munfter, & Ofnabruk, en Weftphalie, en 1648. & 1650. *la Haye*, 1694. *in-douze*　？ . .

1184 Hiftoire des Traités de paix, & autres négociations, depuis la paix de Vervins, jufques à la paix de Nimegue, *Amfterdam*, 1725. 2. *vol. in-folio.*

1185 Recuëil des Traités de paix, de tréves, , &c. *Amfterdam*, 1700. 4. *vol. in-folio.*　24 . .

1186 Recuëil de divers Traités de paix, de confederation, d'alliance, de commerce, &c. faits depuis foixante ans entre les Etats Souverains de l'Europe, *la Haye*, 1707. *in-douze.*　？ . . 16

1187 Actes & mémoires concernant la paix d'Utrecht, *Utrecht*, 1714. 6. *vol. in-douze.*　15 . .

1188 Recuëil des Traités de paix, tréves, & neutralité entre les Couronnes d'Efpagne, & de France, *Anvers*, 1659. *in-douze.*　1 . . 8

1189 Georgiifa Caceus Enenkclii, Baronis Hoheneccii, de Privilegiis militum, & militiæ, libri duo, & de Privilegiis veteranorum, *Francofurti*, 1607. *in-quarto.*

1190 Hugonis Grotii Tractatus de jure Belli, ac pacis, *Amftelodami*, 1651. *in-octavo.*　2 . . 12

1191 Regole militarii della cavalleria, di Ludovico Melzo, *in Anverfa*, 1611. *in-folio.*

1192 P. J. Canteluis, Societatis Jefu, de Romana Republica, five de militari & civili Romatorum , *Paris* , 1684. *in-douze.*

2..4 1193 L'homme de Cour , de Baltazar Gratian, traduit par Amelot de la Houssaye , *Paris*, 1685. *in douze.*

1194 Testament politique de Louvois, *Cologne*, 1695. *in-douze.*

5.. 1195 Testament politique du Cardinal de Richelieu, *Amsterdam*, 1689. 2. *vol. in-douze.*

1196 Testament politique de Colbert, *la Haye*, 1694. *in-douze.*

3..2 1197 Entretiens de M. Colbert, avec M. Boüin, *Cologne*, 1701. *in-douze.*

1198 Harangues militaires, par Belleforêts, *Paris*, 1588. *in-folio.*

1199 La politique de Ferdinand le Catholique, Roi d'Espagne, par Varillas, *Amsterdam*, 1688. *in-douze.*

2.. 1200 Interêts & maximes des Princes, *Cologne*, 1666. *in-douze.*

1201 Nouveaux interêts des Princes, quatriéme Edition, *Cologne*, 1688. *in-douze.*

2.. 1202 Considerations politiques sur les coups d'Etat, par Gabriel Naudé, *sur la Copie de Rome* 1667. *in-douze.*

1203 Politique nouvelle de la Cour de France, sous le Regne de Louis XIV. *Cologne*, 1694. *in-douze.*

3..2 1204 Traité de la politique de France, par M. P. H. Marquis de C. *Cologne*, *in-douze.*

1205 La politique de la Maison d'Autriche, par Varillas, *la Haye*, 1689. *in-douze.*

3..12 1206 Traité des usurpations des Rois d'Espagne, sur la Couronne de France, depuis Charles VIII. par C. Baltazard, *Paris*, 1626. *in-octavo.*

1207 Mémoires, & inſtructions pour ſervir dans
les negociations, & affaires, concernant les
Droits du Roi de France, *Amſterdam*, 1665.
in-douze.

1208 Traité des Droits de la Reine Chrétienne
ſur divers Etats d'Eſpagne, *Paris*, 1667. *in-*
douze.

1209 Tratado de los de Rechos de la Reina
Chriſtianiſſima ſobre varios Eſtados de la
Monarcquiá de Eſpaña, *Paris*, 1667. *in-douze,*

1210 Entretiens dans leſquels on traite des en-
treprifes de l'Eſpagne, des prétentions de M.
le Chevalier de Saint George, & de la renon-
ciation de Sa Majeſté Catholique, *la Haye,*
1719. *in-douze.*

1211 La vérité défenduë des Sophiſmes de la
France, & Réponſe à l'Auteur des prétentions
du Roi très-Chretien ſur les Etats du Roi Catholique, *Amſterdam*, 1668. *in-douze.*

1212 Hiſtoire publique & ſécrete de la Cour de
Madrid, *Rouen*, 1701. *in-douze.*

1213 La ſaulce au verjus, contre la Maiſon de
Brunſwick, *Strasbourg*, 1674. *in-douze.*

1214 Petrus Gregorius, Tholoſanus de Republica, *Francofurti*, 1609. *in-octavo.*

1215 Inſtruction & nourriture du Prince, traduit
du Latin du ſieur Oſorio, en François, par
Briſſon, *Paris*, 1582. *in-folio.*

1216 Le Droit de la Nature, & des Gens, par
Puffendorf, *Amſterdam*, 1712. 2. vol. *in-4°.*

1217 Hiſtoire de M. Conſtance, premier Miniſtre du Roi de Siam, & la derniere révolu-
tion de cet Etat, par le P. d'Orleans, *Tours*,
1690. *in-douze.*

1218 Poliami Stratagemata, Vultejo interprete,

Lugduni-Batavorum, 1690. *in-octavo.*

1219 Extrait d'aucuns Plaidoyers, où il est traité de la façon de sûrement louer ou blâmer les Princes, *Paris*, 1576. *in-octavo.*

1220 La Politique du Clergé de France, *La Haye*, 1682. *in-douze.*

POETES.

1221 Dictionnaire des Rimes, par Richelet, *Paris*, 1702. *in-douze.*

1222 Corpus Poëtarum veterum Latinorum, *Geneva*, 1627. *in-quarto.*

1223 La Poëtique d'Aristote, traduite par l'Abbé Tallement, avec des Remarques, *Paris*, 1692. *in-quarto.*

1224 Les Vies des Poëtes Grecs, par le Févre, *Paris*, 1665. *in-douze.*

1225 Petronii Satyricon, cum Notis Bourdelot, *Paris*, 1677. *in-douze.*

1226 Théâtre de P. Corneille, *Rouën*, 1680. tomes 1. 3. & 4.

Poëmes de T. Corneille, *Rouën*, 1680. *in-douze*, tomes 1. 2. 3.

1227 Le Théâtre de P. Corneille, *Paris*, 1682. *in-douze*, tomes 1. 3. & 4.

1228 Poëmes Dragmatiques de Thomas Corneille, *Paris*, 1682. 5. *vol. in-douze.*

1229 L'Imitation de Jesus-Christ, traduite en Vers François, par Pierre Corneille, *Paris* 1670. *in-dix-huit.*

1230 Poëme sur la Naissance de J. C. *Paris*, 1665. *in-quarto.*

1231 Le Livre de la Sageſſe, traduit en Vers Fran-   18
çois, *Paris*, 1696. *in-douze.*

1232 Oeuvres de Racine, *Paris*, 1687. *tome*   2
ſecond.

1233 Oeuvres de Moliere, *Paris*, 1682. *in-douze*,   2 · · 2
tomes 2. 5. 7. *&* 8.

1234 Oeuvres de Boileau, *Amſterdam*, 1718.   57 · · 1
2. *vol. in-fol.*

1235 Défenſe du Poëme Héroïque, avec quel-
ques remarques ſur les Oeuvres Satyriques du
Sieur Boileau, Dialogue en Vers & en Proſe,
Paris, 1674. *in-quarto.*   2

1236 Les Oeuvres de Sarraſin, *Paris*, 1685?
2. *vol. in-douze.*

1237 Oeuvres de Sarraſin, *Paris*, 1656. *in-*
douze. *pr. vol.*   1 · · 16

1238 Recuëil des Oeuvres poëtiques de Jean Paſ-
ſerat, *Paris*, 1606. *in-octavo.*

1239 Oeuvres de Marot, *Rouën*, 1607. *in-douze*,   3
en maroquin.

1240 La Pharſale de Lucain, par Brebeuf, *Rouën*,   18
1657. *in-douze.*

1241 Satyre de Petrone, *Cologne*, 1693. *in-*
douze.   1 · · 16

1242 Petronii Arbitri Satyricon, cum Notis &
Obſervationibus variorum, *Lutetia-Pariſiorum*,
1601. *in-douze.*

1243 Petronii Satyricon, cum Notis Heinſii &   9
Greſſii, *Trajecti ad Rhenum*, 1709. *in-douze.*

1244 Recuëil de Sonnets compoſés par les plus   19
habiles Poëtes du Royaume, ſur les Bouts-ri-
més, par Guenuche, &c. *Paris*, 1683. *in-*
douze.

1245 Publii Ovidii Metamorphoſeos, *Pariſiis*,
1587. *in-dix-huit.* cum figuris.

5 -- 1246 Les Métamorphoses d'Ovide, par du Ryer, *Paris, 1660. in-folio, avec figures.*

2 -- 1247 Métamorphoses d'Ovide, mises en Vers François, par T. Corneille, *Paris, 1697. in-douze, tomes 1. & 2.*

13 1248 Epîtres & Elegies amoureuses d'Ovide en Vers François, *aris, 1676. in-douze.*

24 -- 1249 Publii Virgilii Opera indubitata omnia R. P. Jacobi Pontani, *Sedani, 1625.*

Quinti Horatii-Flacci Opera omnia, cum novis argumentis, *Sedani, 1627. in-trente-deux, en maroquin.*

12 1250 Supplementum ad Æneïda seu Æneïdos, authore Villanova, *Parisiis, 1698. in-douze.*

6 .. 1251 Juvenalis Satyræ variorum, *Ultraj. 1685. in-quarto.*

1252 J. Juvenalis Satyræ P. Juvencii, *Turonibus, 1685. in-douze.*

2 . 1 1253 Epigrammatum Delectus, *Parisiis, 1659. in-douze.*

1254 M. Annæi Lucani Pharsalia, cum notis Hugonis, Grotii & Thomæ Farnabii, *Amstelodami, 1651. in-douze.*

2 .. 4 1255 Joannis-Baptistæ Santolii opera, *Parisiis, 1698. in-douze.*

2 .. 9 1256 Hymni Sacri, authore Santolio Victorino, *Parisiis, 1698. in-douze.*

1257 C. Ruæi Carmina, *Parisiis, 1688. in-douze.*

1 .. 10 1258 J. Commirii Carmina, *Parisiis, 1681. in-douze.*

1259 Navis, Carmen, authore Carolo-Francisco de Charleval, S. J. *Rhedonis, 1695. in-octavo.*

3 .. 1 1260 Epigrammata Joannis Oven, *Lugduni-Batavorum, 1682. in-vingt-quatre.*

1261

1261 Irifiuri di Pindo, Poefie d'Aurelia fedelico-
mica Italiana , *Parif.* 1666. *in-douze, en maroquin.*

4 - - 4

1262 Orlando furiofo di M. Ludovico Ariofto ,
con le annotationi de Jeronimo Rufcelli , *in
Venetiâ,* 1587. *in-quarto.*

1263 Traité de la Mufette , avec une nouvelle
Methode pour apprendre de foi-même à joüér
de cet inftrument facilement & en peu de tems ,
Lyon, 1672. *in-folio.*

6 . .

1264 Piéces de Viole , compofées par Marais ,
gravées, *in-quarto.*

1 . . 2

1265 Nouvelles Parodies bachiques , mêlées de
Vaudevilles ou rondes de tables, mifes en ordre
par M. Ballard, *Paris,* 1700. 3. *vol. in-douze.*

1266 Brunetes, ou petits airs tendres, avec les doubles & la baffe continuë , mêlés de chanfons à
danfer, mis en ordre par M. Ballard , *Paris ,*
1704. 3. *vol. in-douze, manque le tome premier.*

8 . .

1267 Recuëil de Chanfons choifies, par M. Cou-
lange, feconde Edition , *Paris,* 1698. 2. *volumes in-douze.*

F A C E T I E S,

E T R O M A N S.

1268 L'Aftrée de M. Durfé , *Paris,* 1647.
5. *volumes in-octavo, avec figures.*

20 . . 3

1269 L'Hiftoire admirable du Chevalier du So-
leil, traduite de l'Efpagnol par Louis Doucet ,
Paris, 1620. *tomes* 4. 7. *&* 8.

6 . . 12

3 . .

1270 Les Amours de Théagene & Cariclée ,

6 . . 11

Histoire Ethyopique d'Heliodore , *Paris* , *Thi-bouſt* , 1620. *in-octavo* , *avec figures.*

7 .. 16 1271 Histoire de Dom Quichotte de la Manche , *Paris* , 1679. 5. *vol. in-douze.*

2 .. 10 1272 La Semaine de Moutaulban, ou les Mariages mal-aſſortis , traduits de l'Eſpagnol, *Paris,* 1684. 2. *vol. in-douze.*

1 .. 4 1273 Mademoiſelle de Tournon , *Paris,* 1678. 2. *vol. in-douze.*

3 .. 16 1274 Mémoires du Marquis Dalmacheu, *Amſter-dam ,* 1678. 3. *vol. in-douze.*

3 .. 4 1275 Lettres galantes & philoſophiques par, Mademoiſelle de ***** *La Haye* , 1721. *in-douze.*

3 .. 15 1276 Nouvelles Eſpagnoles, par Madame Daulnoy, *Paris,* 1692: 2. *vol. in-douze.*

1 .. 4 1277 Dom Carlos, *Amſterdam ,* 1672. *in-douze.*

1278 Lettres de Madame Deſnoyers , *Cologne ,* 1712. *tomes* 3. 4. 5. *brochés.*

3 .. 19 1279 Oeuvres de Rabelais, *Hollande,* 1659. 2. *volumes in-douze.*

4 .. 2 1280 Oeuvres de Rabelais , 1663. 2. *volumes in-douze.*

9 .. 6 1281 Oeuvres & Lettres de Rabelais, *Bruxelles ,* 1710. 6. *volumes in-douze.*

8 .. 1282 Facetiæ facetiarum, hoc eſt , joco-ſeriorum faſciculus, *Francofurti ,* 1695. *in-douze.*

2 .. 15 1283 Histoire Comique de Francion , *Paris ,* 1672. 2. *volumes in-douze.*

1 .. 18 1284 Il Divortio Celeſte cacionato d'alle diſſolutezze della Spoſa Romana, & conſacrata alla ſimplicita de Scropoliſi Chriſtiani , *in Villa-Franca ,* 1643. *in-douze.*

LIVRES

MANUSCRITS.

REgiſtres appellés *Olim*, contenant les Parlemens tenus depuis 1254. juſques en 1298. 2. *vol. in-folio.*

Regiſtrum Curiæ Franciæ D. Regis, de Feudis & Negotiis Seneſcalliatûs Carcaſſonæ, Bellicardi, Tholoſani, & Caturcenſis, incipiens ab anno 1214. uſque ad annum 1274. *in-folio.*

Regiſtres du Parlement de Paris, depuis 1364. juſques en 1697. 25. *vol. in-fol.*

Conſeil ſecret, commençant en Novembre 1710. & finiſſant en Octobre 1711. *in folio.*

Table raiſonnée des Regiſtres du Parlement de Paris, rédigée par Titres, Chapitres & Paragraphes, ſelon l'ordre de l'Alphabet, des tems & des matieres, depuis 1254. juſques à préſent, 2. *vol. in-folio.*

Table raiſonnée des Regiſtres du Parlement de Paris, *Tome VI. in-folio.*

Regiſtre ſecret de la Cour des Aides, commençant en 1514. & finiſſant en 1526. *in folio.*

.. 15 1286 Recuëil d'Edits, Déclarations, & Arrêts mis par nature d'affaires , *in-folio.*

.. 15 1287 Ordre de la Chambre des Comptes de Paris , *in-folio.*

16 .. { 1288 Lettres de Chancelleries , *in-folio.*
{ 1289 Taxe des Lettres de la Chancellerie , *in-fol.*
{ 1290 L'alliance de l'immunité & des contributions Eccléfiaftiques , *in-folio.*

.. 12 { 1291 Inftituta Juftiniani , *in-quarto.*
{ 1292 Notæ ad Inftitutiones Juftiniani , *in-quarto.*
{ 1293 Inftitutiones Juris Canonici , *in-quarto.*

2 .. 1294 Joan. Baudini Commentarius in Digeft. 3. *vol. in-folio.*

3 .. 1295 Abregé du Droit ou Jurifprudence Romaine, dans lequel font remarqués les changemens que le tems y a introduit, les différences & la conformité de l'ancien Droit Romain, d'avec ce qui s'en pratique aujourd'hui en France , *in-folio.*

.. 12 1296 Mémoire de ce qui s'eft paffé à Rome, & à Pamiers, fur l'affaire de la Regale , *in-quarto.*

LES GENERALITEZ
DE FRANCE,

Sçavoir ;

1297 {

De Paris,
Champagne,
Bretagne,
Poitou,
La Rochelle,
Limoge,
Lion,
Moulins,
Bourbonnois,
Montpellier,
Bearne,
Navarre,
Languedoc ;
Dauphiné,
Provence,
Picardie,
Artois,
Soiſſonnois,
Roüen,
Alençon,
Orléans,
Bourges,
Et Le Maine.

Toutes leſquelles Généralités ſont contenuës en 8. volumes *in-folio*.

Il y a auſſi des Mémoires concernant l'Auvergne, en un Volume *in-quarto*.

1298 Harangues prononcées aux Etats généraux
tenus à Paris, l'an 1614. à la Majorité du Roi
Louis XIII. avec ce qui s'est passé ausdits Etats,
in-folio.

3 . . { 1299 Interêts des Princes, *in-folio.*
1 { 1300 Ambassades de M. de Bassompierre, en
Suisse, sur la fin de l'année 1625. & au com-
mencent de 1626. *in-folio.*

1 . . 10 1301 Ambassades de M. Hurault, vers la Reine
Elisabeth, ès années 1597. & 1598. *in-folio.*

3 . . { 1302 Journal de Henri IV. seconde partie, *in-
folio.*
{ 1303 Cosmographie universelle, *in-folio.*

3 . . 1304 Histoire universelle, 2. *vol. in-folio.*

2 . . 1305 De la division de la Terre, & établissement des Empires & Monarchies, *in-folio.*

6 . . 7 1306 Histoire Romaine, *in-folio.*

2 . . 1307 Recuëil de pieces fugitives, *in-folio.*

5 . . 3 1308 Recuëil tiré de plusieurs notables Person-
nages, sur toutes les maladies des Chevaux,
ancien manuscrit, *en velin, in-folio.*

Livres omis.

1309 HISTORIA Augusta Imperatorum Romanorum, Edicta, & Henrici Hamelouu Historia Imperatorum Romanorum, carmine perpetuo descripta, *Amstelod.* 1707. *in-folio.* 7··12

1310 Atlas Historique, par Gueudeville, *Amster-dam*, 1713. 7. *vol. in-folio.* 140··

1311 D. Ivonis Carnotensis Opera omnia, *Parisiis*, 1647. *in-folio.*

1312 Coûtume de Troyes, avec les Commentaires de Loüis le Grand, *Paris*, 1715. *in-folio.* 4··12

1313 Relation du Siege de Namur, *Paris*, 1692. *in-folio.* 1··8

1314 Dictionnaire de Musique, par Brossard, *Paris*, 1703. *in-folio.* 6··

1315 Dictionarium novum, Latinum & Gallicum, Autore Danetio, *Parisiis*, *in-quarto.*

1316 Crusius, de Præeminentia, Sessione, præcedentia, & universo Jure, *Bremæ*, 1665. 2. *vol. in-quarto.* 4··

1317 Vossii Observationes, *Lond.* 1685. *in-quarto.*

1318 Vossii Annales Hollandiæ, *Amstelodami*, 1635. *in-quarto.*

1319 Catalogus Sanctorum, qui Librorum Catalogos, Indices, Bibliothecas, Virorum litteratorum Elogia, &c. scriptis consignaverunt, 3··

Autore Antonio Teiſſerio, *Geneva*, 1686. *in-quarto*.

2..4 { 1320 Renatus Deſcartes, de Homine, *Lugd. Batav.* 1662. *in-quarto*.

1321 L'Homme de Deſcartes, *Paris*, 1664. *in-quarto*.

1322 Blondel, des Sibylles célébres, tant par l'Antiquité Payenne, que par les Saints Peres, *Charenton*, 1649. *in-quarto*.

2..10 1323 La Démonomanie des Sorciers, par Bodin, *Paris*, 1680. *in-quarto*.

3.. 1324 Entretiens d'Ariſte & d'Eugene, *Paris*, 1671. *in-quarto*.

1.. 1325 Les Oeuvres de Saraſin, *Paris*, 1656. *in-quarto*.

..13 1326 Les Oeuvres de Vergier, en manuſcrit, *in-quarto*.

1..10 1327 Traité du Comté de Caſtre, par D. Défos, *Toloſe*, 1633. *in-quarto*.

34.. 1328 Hiſtoire des Revolutions arrivées dans l'Europe en matiere de Religion, par Varillas, *Paris*, 1686. 6. *vol. in-quarto*.

1..12 { 1329 Dictionnaire des termes propres de Marine, par Deſroches, *Paris*, 1687. *in-octavo*.

1330 Uſage de la Roüe de proportion, par Buot, *Paris*, 1647. *in-octavo*.

2..16 1331 Seldenus, de Dis Syris, *Amſtelod.* 1680. *in-octavo*.

..10 1332 Réflexions ſur les différends de la Religion, avec les Preuves de la Tradition Eccléſiaſtique, *Paris*, 1686. *in-douze*.

1333 Journal d'Henri III. *Cologne*, 1720. *Tome premier in-douze.*

1334 Hiſtoire de la Paix concluë entre la France & l'Eſpagne, *Cologne*, 1667. *in-douze.*

1335 Hiſtoire du Royaume d'Hongrie, *Cologne*, 1686. *in-douze.*

1336 Vies des Hommes Illuſtres de Plutarque, par Tallemand, 1681. 2. *vol. in-douze.*

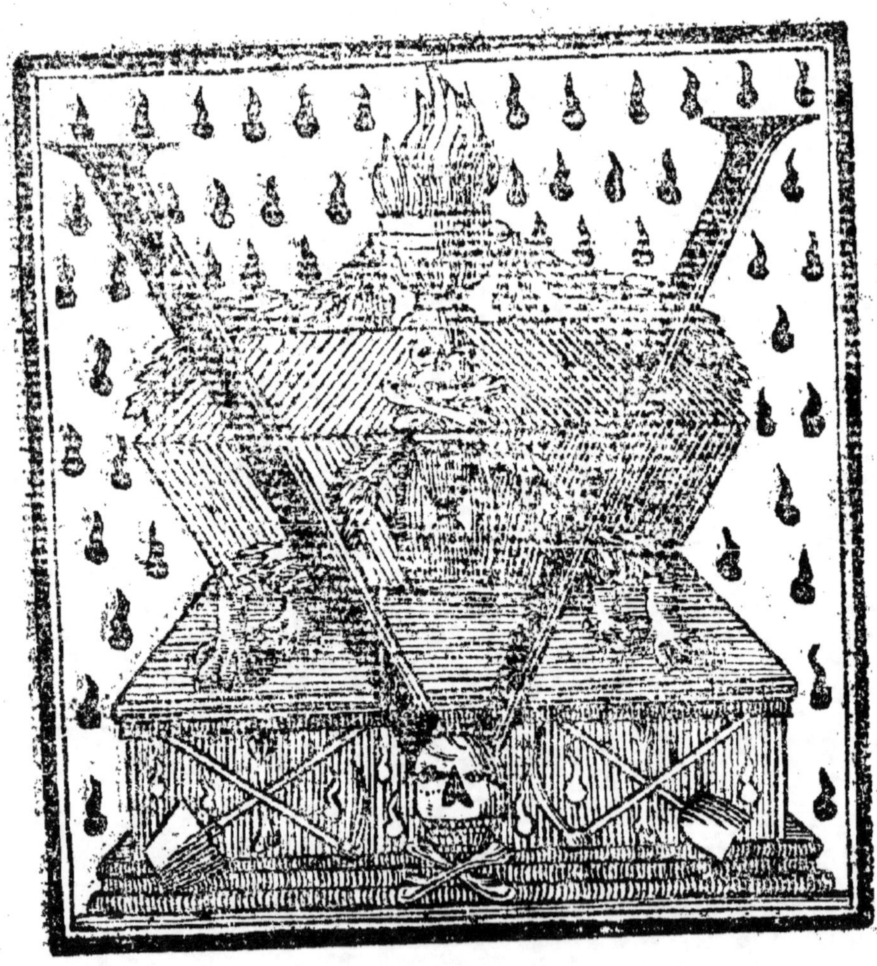

Procureur au Bailli